Arbeitsstätten-verordnung 2004

Textausgabe
mit kommentierender Einführung,
Materialien und Übersichten

1. Auflage 2005

von Dipl.-Ing. Horst Blachnitzky,
Gewerbedirektor im Gewerbeaufsichtsamt
München – Land

Bundesanzeiger
Verlag

Bibliografische Information Der Deutschen Bibliothek
Die Deutsche Bibliothek verzeichnet diese Publikation in der Deutschen National-
bibliografie; detaillierte bibliografische Daten sind im Internet über <http://
dnb.ddb.de> abrufbar.

ISBN 3-89817-423-9

© 2005 Bundesanzeiger Verlagsges.mbH., Köln

Lektorat: Ulrike Herberg
Herstellung: Norbert Nickel
Satz: starke+partner, Willich
Druck und buchbinderische Verarbeitung: B.O.S.S Druck und Medien GmbH, Kleve

Printed in Germany

Inhaltsverzeichnis

Literaturverzeichnis

Arbeit & Ökologie: CDU/CSU und Arbeitgeber voll im Deregulierungsfieber. Brief 4/2004, S. 9

Asphalt. Heft 5/2004, S. 4

BAK – Bundesarchitektenkammer: Stellungnahme zum Verordnungsentwurf Arbeitsstätten vom 01.07.2003. Internet

Bayerische Staatskanzlei: EU-Deregulierungsinitiative. Pressemitteilung Nr. 302 vom 04.08.2004. Internet

Bayerische Staatsregierung: Entbürokratisieren, deregulieren, flexibilisieren. Vorfahrt für Unternehmen und Arbeit. Abschlussbericht der Deregulierungskommission. München. Juli 2003

BDA/BDI: Stellungnahme zum Kabinettsentwurf der ArbstättV vom 02.09.2003. Internet

BDE – Bundesverband der Deutschen Entsorgungswirtschaft: Bürokratieabbau beim Arbeitsschutz darf nicht konterkariert werden. Pressemitteilung. 16.01.2004. Internet

BMWA: Kabinett vereinbart Kurs zur weiteren Deregulierung und Entbürokratisierung. Pressemitteilung. 21.04.2004. Internet

BR-Drs. 627/03: Verordnung der Bundesregierung. Verordnung über Arbeitsstätten. BR-Drucksache vom 02.09.2003

BR-Drs. 666/03: Verordnungsantrag des Freistaates Bayern. Entwurf einer Verordnung über Arbeitsstätten vom 18.09.2003

BR-Drs. 820/03: Gesetzesantrag der bayerischen Staatsregierung. Entwurf eines Gesetzes zur Neuordnung der Zuständigkeiten der Unfallversicherungsträger. BR-Drucksache vom 04.11.2003

BR-Drs. 627/1/03: Empfehlungen der Ausschüsse zum Verordnungsentwurf der Bundesregierung (BR-Drs. 627/03) und Bayerns (BR-Drs. 666/03). BR-Drucksache vom 19.11.2003

BR-Drs. 450/04: Verordnung der Bundesregierung. Verordnung über Arbeitsstätten. BR-Drucksache vom 26.05.2004

BR-Drs. 450/04 (Beschluss): Verordnung über Arbeitsstätten. BR-Drucksache vom 09.07.2004

Bürokratieabbaugesetz OWL vom 16.03.2004 (GVBl. NRW S. 134)

Deregulierung – schon bald ein Unwort? Sicherheitsingenieur. 7/2004, S. 4

Focus-Money: Regulierung – misslungener Versuch. Heft 23/2004, S. 68

IG Metall: Wirtschaftslobby diktiert Deregulierungsprogramm. Pressemeldung. 23.01.2003. Internet

Jäger: Deregulierung gelungen? sicher ist sicher. 6/2004, S. 288

Müller/Meyer: Mehr Wachstum durch modernes Regieren und Verwalten. Berlin. 30.07.2004. Tagespresse

Kollmer. Inhalt und Anwendungsbereich der vier neuen Verordnungen zum Arbeitsschutzgesetz. NZA 1997, S. 138

v. Locquenghien/Ostermann/Klindt. Betriebssicherheitsverordnung. Bundesanzeiger Verlag. 2002, S. 28

Opfermann/Rückert. Sicherheit und Gesundheitsschutz bei der Arbeit – Neuregelungen für Persönliche Schutzausrüstungen. AuA 1997, S. 124

Opfermann/Streit. Arbeitsstätten-Kommentierung. Lose-Blatt-Sammlung. Forkel Verlag

Pangert. Änderungen im Arbeitsstättenrecht. sicher ist sicher 9/2002, S. 376

Dr. Rindfleisch: Den Veränderungsprozess begleiten. TÜ Bd. 45 (2004). Nr. 6, S. 3

Sicherheitsingenieur. 6/2004, S. 11

Zakrzewski. Arbeitsschutz – quo vadis? Sicherheitsingenieur. 7/2004, S. 21

Abkürzungsverzeichnis

ABBergV	Allgemeine Bundesbergverordnung
ABl. EG	Amtsblatt der Europäischen Gemeinschaften
Abs.	Absatz
AGS	Ausschuss für Gefahrstoffe
AMBV	Arbeitsmittelbenutzungsverordnung
AN	Auftragnehmer
Anh.	Anhang
ArbStätt-RL	Arbeitsstätten-Richtlinie
ArbStättV	Arbeitsstättenverordnung
Art.	Artikel
ArtV	Artikelverordnung
ASiG	Gesetz über Betriebsärzte, Sicherheitsingenieure und Fachkräfte für Arbeitssicherheit (Arbeitssicherheitsgesetz)
ASR	Arbeitsstätten-Richtlinie
AuA	Arbeit und Arbeitsrecht (Zeitschrift)
BAK	Bundesarchitektenkammer
BArbBl.	Bundesarbeitsblatt
BAuA	Bundesanstalt für Arbeitsschutz und Arbeitsmedizin
BaustellV	Baustellenverordnung
BDA	Bundesvereinigung der Deutschen Arbeitgeberverbände e. V.
BDE	Bundesverband der Deutschen Entsorgungswirtschaft
BetrSichV	Betriebssicherheitsverordnung
BG	Berufsgenossenschaft
BGBl. I	Bundesgesetzblatt Teil I
BGG	Bundesbehindertengleichstellungsgesetz
BildscharbV	Bildschirmarbeitsverordnung
BioStoffV	Biostoffverordnung
BMVBW	Bundesministerium für Verkehr, Bau- und Wohnungswesen
BMWA	Bundesministerium für Wirtschaft und Arbeit
BR-Drs.	Bundesrats-Drucksache
CE	Council of Europe
CENELEC	Comité Européen de la Normalisation Électrotechnique

ChemG	Chemikaliengesetz
CHV	Carl Heymanns Verlag
dB	Dezibel
DIN	Deutsches Institut für Normung e. V.
EN	Europäische Norm(en)
EG	Europäische Gemeinschaften
EGV	Vertrag zur Gründung der Europäischen Wirtschafts-gemeinschaft
EU	Europäische Union
EWG	Europäische Wirtschaftsgemeinschaft
GAA	Gewerbeaufsichtsamt
GewO	Gewerbeordnung
GG	Grundgesetz
ggf.	gegebenenfalls
GPSG	Geräte- und Produktsicherheitsgesetz
GSG	Gerätesicherheitsgesetz (offizielle Kurzbezeichnung für Gesetz über technische Arbeitsmittel)
GVBl.	Gesetz- und Verordnungsblatt
HGB	Handelsgesetzbuch
i. V. m.	in Verbindung mit
IG	Industriegewerkschaft
ISO	International Standardization Organization
KMU	Klein- und Mittelunternehmen
LasthandhabV	Lastenhandhabungsverordnung
lfd.	laufend
max.	maximal
min.	minimal
Nr. oder Nrn.	Nummer oder Nummern
NRW	Nordrhein-Westfalen
NZA	Neue Zeitschrift für Arbeits- und Sozialrecht

| OECD | Organization for Economic Cooperation and Development |
| OWL | Ostwestfalen-Lippe |

| PSA | Persönliche Schutzausrüstung |
| PSA-BV | Persönliche Schutzausrüstung – Benutzungsverordnung |

RAB	Regeln zum Arbeitsschutz auf Baustellen
RAS	Regeln für Arbeitsstätten
RLT	raumlufttechnische Anlage
RVO	Reichsversicherungsordnung

| SGB IX | Sozialgesetzbuch Neuntes Buch – Rehabilitation und Teilhabe behinderter Menschen |
| SGB VII | Sozialgesetzbuch Siebtes Buch – Gesetzliche Unfallversicherung |

TAB	Technischer Aufsichtsbeamter
TRA	Technische Regeln für Arbeitsstätten
TRB	Technische Regeln für Druckbehälter
TRGS	Technische Regeln für Gefahrstoffe
TÜV	Technischer Überwachungsverein

| UVV | Unfallverhütungsvorschrift |

V oder VO	Verordnung
VDE	Verband deutscher Elektrotechniker
VDI	Verein Deutscher Ingenieure

| www | world wide web |

| z. B. | zum Beispiel |
| ZH 1 | Das von der Zentralstelle für Unfallverhütung beim Hauptverband der gewerblichen Berufsgenossenschaften herausgegebene Sammelwerk „Merkblätter, Richtlinien, Sicherheitslehrbriefe" |

A. Einführung in die neue ArbStättV

I. Erläuterungen

1. Allgemeine Grundlagen

Die Arbeitsstättenverordnung enthält **zentrale Vorschriften** zum Schutz der Sicherheit und der Gesundheit am Arbeitsplatz vor Gefährdungen im Zusammenhang mit Arbeitsstätten. Sie sind **Mindestvorschriften** wie in anderen EU-Mitgliedstaaten auf der Grundlage der EG-Arbeitsstättenrichtlinie.

Viele konkrete Regeln der alten ArbStättV finden sich nicht mehr im eigentlichen Verordnungstext, sondern viel allgemeiner gefasst im **Anhang,** wie z. B. „ausreichende Grundfläche" und „ausreichende lichte Höhe". Auch so kommt ihnen quasi Gesetzeskraft zu; mangels quantifizierter Vorgaben bieten sie jetzt aber wenig Hilfe für die Planung einer Arbeitsplatzumgebung. Ähnlich den Bestimmungen in den zahlreich am 01.01.2004 weggefallenen Unfallverhütungsvorschriften – z. B. für Silos und Erdbaumaschinen – bedarf es jetzt zusätzlicher Regeln, um bewährte Bemessungswerte zu erhalten. Dies muss nicht zwangsläufig über den **neuen Arbeitsstättenauschuss** erfolgen, sondern ließe sich kombinieren mit den „amtlich anerkannten Regeln der Bautechnik".

In dem vom Bundesminister für Verkehr, Bau- und Wohnungswesen (BMVBW) beauftragten Forschungsprojekt „Zusammenstellung des gebäudebezogenen **Baunebenrechts** des Bundes sowie Entwicklung von Vorschlägen zu seiner Vereinfachung und Vereinheitlichung", das im Dezember 2002 fertig gestellt wurde, heißt es in Kapitel VI „Empfehlungen zur Fortentwicklung des Baunebenrechts": Zur Herstellung von mehr Übersichtlichkeit und Eindeutigkeit im Baunebenrecht des Bundes ist es ratsam, die dort inkorporierten Regeln der Technik in dafür geeigneten Bereichen als „eingeführte Regeln der Technik" zu deklarieren und amtlich zu veröffentlichen." *(BAK)*.

Einige Links zum Verordnungstext (Stand 26.07.2004):

- www.baua.de/prax/arbeitsstaetten
- www.bau-bg.de/arge_infopool_live/ internet/gv/arbstaettv
- www.betriebsrat.com
- www.bundesingenieurkammer.de
- www.bundesrecht.juris.de/bundesrecht/arbstaettv
- www.gaa.baden-wuerttemberg.de/Vorschriften/Arbstaett
- www.gesetze.redmark.de/ Arbeitsstaettenverordnung.html
- www.lfas.bayern.de/recht/arbstaettv

- www.nonprofit-management.de/gesetze/arbsttv
- www.rechtliches.de/info_ArbStaettV.html
- www.sifahome.de/verzeichnis-arbeitsschutz/ arbeitsstaettenverordnung
- www.sozialnetz-hessen.de
- www.umwelt-online.de/recht/ arbeitss/arbst.vo
- www.umweltrechtsreport.de.

2. Vorschriften im Einzelnen

a) Zu § 1 Ziel, Anwendungsbereich

Absatz 1 nimmt den Leitsatz des Arbeitsschutzgesetzes (§ 1 Abs. 1 ArbSchG) auf und überträgt ihn auf das Arbeitsstättenrecht.

Der Anwendungsbereich stimmt grundsätzlich mit dem des Arbeitsschutzgesetzes überein.

aa) Sachlicher Geltungsbereich

Die alte ArbStättV war 1996 in § 1 Abs. 1 dahin gehend geändert worden, dass ihr Geltungsbereich grundsätzlich mit dem des Arbeitsschutzgesetzes (ArbSchG) übereinstimmte. Damit erfolgte eine Erweiterung auf nahezu alle Betriebe mit Beschäftigten, im privatwirtschaftlichen (= gewerblichen!) Bereich, den freien Berufen, in der öffentlichen Verwaltung und auch in der Landwirtschaft.

Wie vorher blieben damals durch § 1 Abs. 2 alte ArbStättV **ausgenommen** die Arbeitsstätten im Reisegewerbe und Marktverkehr, in Fahrzeugen auf Straße und Schiene, in der Luft und auf dem Wasser, da hier teilweise Vorschriften des Verkehrsrechts und spezielle Unfallverhütungsvorschriften galten. Befreit waren auch diejenigen Betriebe, die dem Bundesberggesetz unterliegen, da das Bergrecht eigene Regelungen aufweist (Allgemeine Bundesbergverordnung und Gesundheitsschutz-Bergverordnung). Vom Geltungsbereich ausgenommen waren weiterhin durch § 2 Abs. 1 Nr. 2, 2. Halbsatz alte ArbStättV die land- und forstwirtschaftlichen Arbeitsstätten im Freien.

Absatz 2 schränkt ähnlich bisher den Geltungsbereich der ArbStättV weiter ein. Der neue Begriff **„Transportmittel"** umfasst Straßen-, Schienen-, Luft- und Wasserfahrzeuge im öffentlichen Verkehr und trägt durch Zusammenfassung zu einer Verschlankung der bisherigen Vorschrift bei. Arbeitsstätten im Reisegewerbe, im Marktverkehr sowie in Fahrzeugen im öffentlichen Verkehr werden von der Verordnung weiterhin nicht erfasst, da aus praktischen Gründen hier nur wenige Bestimmungen unmittelbar anwendbar wären. Entsprechende Sonderregelungen sind wegen des ständig wechselnden Standortes und des fehlenden räumlichen Bezuges schwierig. Fahrzeuge im öffentlichen Verkehr unterliegen im Übrigen dem Verkehrsrecht. Auch Arbeitsstätten im Freien, die zu einem land- oder forstwirtschaftlichen Betrieb gehören und außerhalb seiner bebauten Fläche liegen, bleiben aus diesen Gründen weiterhin vom Anwendungsbereich der Verordnung ausgenommen.

Der generelle betriebliche **Nichtraucherschutz** (§ 5 ArbStättV) gilt dagegen auch an diesen Arbeitsstätten, die ansonsten von der ArbStättV ausgenommen sind.

Übersicht: Anwendungsbereiche der neuen ArbStättV 2004

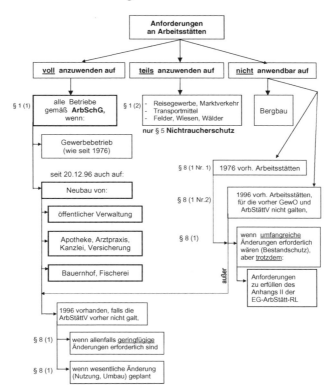

bb)   Persönlicher Anwendungsbereich

An die Regelungen des ArbSchG angepasst wurden 1996 auch die Begriffe Arbeitgeber und Arbeitnehmer in § 2 Abs. 4 alte ArbStättV: Arbeitnehmer im Sinne der ArbStättV sind seitdem alle **Beschäftigten** gemäß § 2 Abs. 2 ArbSchG, also

* Arbeitnehmerinnen und Arbeitnehmer,
* die zu ihrer Berufsbildung Beschäftigten,
* arbeitnehmerähnliche Personen im Sinne des § 5 Abs. 1 des Arbeitsgerichtsgesetzes, ausgenommen die in Heimarbeit Beschäftigten und die ihnen Gleichgestellten,
* Beamtinnen und Beamte,
* Richterinnen und Richter,
* Soldatinnen und Soldaten,
* die in Werkstätten für Behinderte Beschäftigten.

Erst mit der Novelle 2004 wurde jedoch der Begriff „Arbeitnehmer" in der ArbStättV durchgängig durch „Beschäftigter" ersetzt.

Eine Sonderregelung gilt allerdings gem. § 20 Abs. 1 ArbSchG für die Beamten der Länder, Gemeinden und sonstigen Körperschaften, wo zunächst länderspezifische Regelungen für die Anwendbarkeit zu treffen waren, geschehen z. B. im Bayerischen Beamtengesetz.

Arbeitgeber gemäß § 2 Abs. 3 ArbSchG ist jede natürliche oder juristische Person sowie rechtsfähige Personengesellschaft, die Arbeitnehmer, Angestellte, Arbeiter, Beamte usw. beschäftigt.

Absatz 3 ist notwendig, weil in einigen, für die öffentlichen Belange wichtigen Tätigkeitsbereichen (z. B. Polizei, Katastrophenschutz, Streitkräfte) die strikte Anwendung der ArbStättV Konflikte bei der ordnungsgemäßen Erfüllung der Aufgaben ergeben könnte. Dennoch sind auch dort adäquate Maßnahmen zur Gewährleistung von Sicherheit und Gesundheitsschutz der Beschäftigten zu treffen.

b)   Zu § 2 Begriffsbestimmungen

Absatz 1 definiert eine **Arbeitsstätte** entsprechend dem Wortlaut der EG-Arbeitsstättenrichtlinie. Wie bisher gehören auch Baustellen dazu. Arbeitsstätten sind nach Nr. 1 und Nr. 2 sowohl Orte, an denen unmittelbar gearbeitet wird, als auch andere Örtlichkeiten, die in engem Zusammenhang mit der Arbeit zu sehen sind, wie zum Beispiel Fluchtwege, Sanitärräume oder Unterkünfte. Dies schließt gemäß der amtlichen Begründung Ausbildungsstätten mit ein, obwohl diese gegenüber der bisherigen ArbStättV nicht mehr explizit in der neuen ArbStättV genannt werden.

Absatz 2 grenzt den Begriff **Arbeitsplatz** zum umfassenden Begriff der „Arbeitsstätte" ab und nennt die in diesem Zusammenhang notwendigen Eckpunkte für eine zeitliche Eingrenzung. Die dabei verwendeten unbestimmten Begriffe entsprechen dem Bisherigen; zur Quantifizierung dienten stets einschlägige Kommentare, teils basierend auf Gerichtsurteilen.

Absatz 3 erläutert per Legaldefinition den Begriff **Arbeitsraum**.

Die **Absätze 2 und 3** sollen der Klarstellung des Regelungskomplexes Arbeitsstätte – Arbeitsplatz – Arbeitsraum dienen, da die ArbStättV zum Teil unterschiedliche Anforderungen an die verschiedenen Räumlichkeiten einer Arbeitsstätte enthält. Die Zusammenhänge sollen durch die folgende Übersicht verdeutlicht werden.

Übersicht: Definitionen Arbeitsstätte, Arbeitsplatz und Arbeitsraum

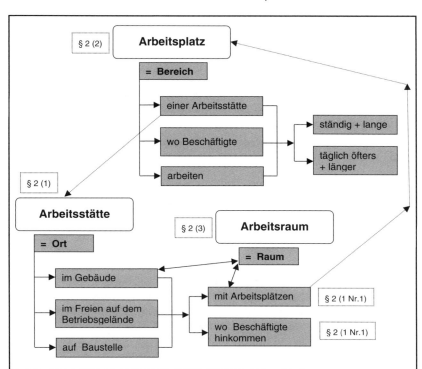

Absatz 4 enthält eine Liste von „anderen" Orten im Sinne Abs. 1 Nr. 2, zu denen Beschäftigte bei ihrer Arbeit Zugang haben. Der abschließende Katalog wurde nahezu unverändert aus der bisherigen ArbStättV übernommen.

Die **Absätze 5 und 6** enthalten Legaldefinitionen zum Einrichten und Betreiben von Arbeitsstätten. Inhaltlich entsprechen sie dem bisherigen Arbeitsstättenrecht; etliche Beispiele ergänzen diese Begriffsbestimmungen.

c)   Zu § 3 Einrichten und Betreiben von Arbeitsstätten

Absatz 1 enthält die grundlegende Verpflichtung jedes Arbeitgebers, für die Sicherheit und Gesundheit der Beschäftigten beim Einrichten und Betreiben von Arbeitsstätten zu sorgen. Der Verordnungstext einschließlich des Anhanges enthält dazu verbindliche Anforderungen. Die bisherige Bezugnahme auf „sonst geltende Arbeitsschutz- und Unfallverhütungsvorschriften" ist wegen der hierzu bereits an übergeordneter Stelle in § 1 Abs. 3 ArbSchG getroffenen Regelung nicht mehr nötig.

Künftig werden vom **Ausschuss für Arbeitsstätten** gem. § 7 Abs. 3 ArbStättV erarbeitete und durch das Bundesministerium für Wirtschaft und Arbeit gem. § 7 Abs. 4 ArbStättV bekannt gegebene **Technische Regeln** die in der Verordnung genannten Schutzziele auf der Grundlage des gesicherten Standes von Wissenschaft und Technik beispielhaft konkretisieren. Die „Berücksichtigung" – sprich Einhaltung des Technischen Regelwerkes – bewirkt die Vermutung zugunsten des Arbeitgebers als Rechtsanwender, dass er die in der Verordnung gestellten Anforderungen erfüllt.

Absatz 2 gilt für Arbeitgeber, die Menschen mit **Behinderungen** beschäftigen. Sie haben beim Einrichten und Betreiben von Arbeitsstätten ein besonderes Augenmerk auf die Verhütung von spezifischen Gefährdungen zu setzen, die davon für diese Beschäftigten ausgehen können. Die Vorschrift ergänzt die beschäftigungsfördernden Regelungen in § 81 Abs. 4 Nr. 4 SGB IX um entsprechende flankierende Arbeitsschutzbestimmungen. Die Aufnahme dieser Klarstellung hatte die Bundesregierung bei der Behandlung des Gesetzes zur Gleichstellung behinderter Menschen und zur Änderung anderer Gesetze (Bundesbehindertengleichstellungsgesetz – BGG) zugesagt. Der Begriff der Barrierefreiheit entspricht der Definition in § 4 BGG.

Die Bundesarchitektenkammer hatte eine Klarstellung im Text gefordert, was unter **„behindertengerecht"** zu verstehen ist, also ob Barrierefreiheit nach DIN 18024/18025 und BGG gemeint sei oder ob es sich die Forderung nach einer rollstuhlgerechten Ausstattung handle. Zudem sei das Schutzziel auf die Arbeitsstätten einzugrenzen, in denen gemäß anderer Regelsetzungen Behinderte zu beschäftigen sind. Die Einrichtung von behindertengerechten Arbeitsstätten in jeglicher Betriebsgröße wäre unverhältnismäßig, stelle eine Überforderung und teilweise sogar Existenzbedrohung für kleine Unternehmen dar. In Anlehnung an die Regelungen im SGB VII sollte Barrierefreiheit erst für Arbeitsstätten mit mehr als 20 Arbeitsplätzen verpflichtend sein. Für Baustellen wäre eine Umsetzung dieses Schutzzieles auszunehmen, weil unzutreffend.

Absatz 3 enthält die allgemeine **Ausnahmeregelung**, wie sie bisher im § 4 Abs. 1 alte ArbStättV bestand. Satz 2 ist neu eingefügt; er hält die Aufsichtsbehörden (staatliche Gewerbeaufsicht) an, die Probleme kleinerer Betriebe besonders zu beachten.

Absatz 4 regelt das Konkurrenzverhältnis arbeitsstättenrechtlicher Anforderungen zu anderen Rechtsvorschriften insbesondere dem **Bauordnungsrecht** (Musterbauordnung und 16 Landesbauordnungen). Diese stellen für ihren jeweiligen Regelungsinhalt spezifische, zweckgebundene und teilweise weitergehende Anforderungen, die neben dem Arbeitsstättenrecht Anwendung finden, auch wenn sie darüber hinausgehen.

d) Zu § 4 Besondere Anforderungen an das Betreiben von Arbeitsstätten

Die Anforderungen richten sich in erster Linie an den Arbeitgeber, betreffen teilweise auch Arbeitgeber und Beschäftigte gemeinsam.

Absatz 1 greift die Regelungen zu Instandhaltung und Prüfungen des § 53 Abs. 1 alte ArbStättV auf.

Absatz 2 übernimmt inhaltsgleich den § 54 „Reinhaltung der Arbeitsstätte" der alten ArbStättV.

Absatz 3 überträgt die Vorschrift „Sicherheitseinrichtungen" aus § 53 Abs. 2 alte ArbStättV und passt sie redaktionell an die neue ArbStättV-Struktur an. Er soll sicherstellen, dass die der Sicherheit der Beschäftigten dienenden Einrichtungen jederzeit funktionstüchtig sind. Dabei wurde die bisherige Vorgabe konkreter Prüffristen gestrichen. Prüfintervalle unterliegen dem jeweiligen Stand der Technik und sind in aktueller Form und sachbezogen Gegenstand des Regelwerks. Verantwortlich für ihre Festlegung und termingerechte Überwachung ist aufgrund der BetrSichV der Arbeitgeber *(v. Locquenghien/Ostermann/Klindt)*.

Absatz 4 schreibt das Freihalten der verschiedenen Verkehrswege sowie modifizierte Anforderungen zum jederzeitigen ungehinderten Passieren von Fluchtwegen und Notausgängen vor. Die Regelung entspricht inhaltlich den bisherigen §§ 19 S. 3, 52 Abs. 1 und 55 alte ArbStättV.

Des Weiteren verpflichtet Satz 2 die Arbeitgeber, Vorkehrungen – ggf. unter Einbeziehung eines Flucht- und Rettungsplanes – zu treffen, die im Gefahrenfall eine unverzügliche Flucht ins Freie oder eine Rettung von außen ermöglichen. Die Regelung soll über vorbeugende Maßnahmen hinaus gewährleisten, dass die Beschäftigten im Brand- oder Katastrophenfall wissen, wie sie sich schnell aus einem Gefahrenbereich in Sicherheit bringen bzw. gerettet werden können. Die von Arbeiten ausgehenden spezifischen Gefährdungen können weitergehende Sicherheitsvorkehrungen erforderlich machen, zum Beispiel dass es für Beschäftigte im Tunnelbau möglich ist, sich beim Eindringen von Wasser oder Material in Sicherheit zu bringen.

Absatz 5 fasst die grundlegenden Anforderungen der §§ 39 Abs. 1 und 53 Abs. 3 der bisherigen Verordnung zusammen.

e)   Zu § 5 Nichtraucherschutz

Der neue § 5 ist wortgleich mit dem bisherigen § 3a, der erst 2002 in die ArbStättV eingefügt wurde, gesetzgeberisch mit der Schaffung der Betriebssicherheitsverordnung verknüpft wurde und mit dieser am 03.10.2002 in Kraft getreten ist. Diese Ergänzung ging auf eine interfraktionelle Initiative des Deutschen Bundestages für einen verbesserten Nichtraucherschutz am Arbeitsplatz zurück und übernahm den Wortlaut des Beschlusses vom 31.05.2001.

Vorher galt die unmittelbare Verpflichtung, die Nichtraucher vor Belästigungen durch Tabakrauch – also den **Gefahren des Passivrauchens** – zu schützen, lediglich in Pausen-, Bereitschafts- und Liegeräumen (bis 2002 war dies § 32 alte ArbStättV) galt dies nicht. In Arbeitsräumen war zwar „ausreichend gesundheitlich zuträgliche Atemluft" gefordert (so bis 2004 in § 5 alte ArbStättV). Dies wurde teilweise als Rauchverbot am Arbeitsplatz interpretiert, aber sogar die neue Fassung kann nicht so stringent ausgelegt werden, sondern lässt Spielraum für andere wirksame Schutzmaßnahmen, wie es ja wirtschaftspolitisch beabsichtigt ist.

Links zum Rauchen im Betrieb (Stand 26.07.2004):

- www.abc-recht.de: Nichtraucherschutz am Arbeitsplatz – der neue § 3a Arbeitsstättenverordnung

- www.jobpages.ipx11319.ipxserver.de: Neu in der Arbeitsstättenverordnung: Nichtraucherschutz am Arbeitsplatz

- www.rauchfrei.de: Rauchfreie Arbeitsplätze. Mangelnder Nichtraucherschutz macht ArbeitnehmerInnen über Jahre zu Passivrauchern.

- www.who-nichtrauchertag.de.

f)   Zu § 6 Sanitärräume, Pausen- und Bereitschaftsräume, Erste-Hilfe-Räume, Unterkünfte

Hier sind grundlegende Anforderungen an die unterschiedlichen Räume in einer Arbeitsstätte festgelegt,

* für Räume, die dem unmittelbaren Arbeitsablauf dienen (Absatz 1) und

* Räume, die den Beschäftigten aus Gründen der Sicherheit, Erholung oder Hygiene zur Verfügung stehen (Absätze 2 bis 5).

Absatz 1 greift arbeitshygienische, psychologische und lüftungstechnische Grundforderungen auf, die für eine beeinträchtigungsfreie, ihrer Gesundheit und ihrem Wohlbefinden Rechnung tragende Arbeitsplatzumgebung der Beschäftigten zu schaffen sind. Dazu werden ausreichende **Raumgrößen** gefordert (Grundfläche, Raumhöhe, Luftraum) – ohne jedoch Zahlenwerte festzulegen. Die bisherigen Mindestwerte (siehe Seite 82) dürfen jedoch weiterhin als Planungsparameter herangezogen werden. Vermutlich werden sie ins künftige untergesetzliche Regelwerk eingebunden.

Absatz 2 fordert die Bereitstellung von **Toilettenräumen, Wasch- und Umkleideräumen**. Für Letztere werden einige Randbedingungen genannt. Auf kleinen Baustellen und bei Erntearbeiten reichen Waschgelegenheiten (Wasserzapfstellen) und die nunmehr üblichen mobilen Toilettenkabinen aus.

Absatz 3 postuliert, wann **Pausenräume oder Pausenbereiche und Bereitschaftsräume** nötig sind. Hier ist überraschenderweise ein Zahlenwert genannt; dies dient aber dem Ziel der Erleichterung für Kleinbetriebe. Damit wurden dem Vorschlag u. a. der Bundesarchitektenkammer bei der Verbandsanhörung gefolgt. Es gibt aber keine Verpflichtung, für jede Art von Erholung einen gesonderten Raum bereitzustellen. Vielmehr muss der Arbeitgeber sicherstellen, dass die Beschäftigten die Räume für Pausen, Bereitschaftszeiten und Ruhezeiten entsprechend ihrer verschiedenen Funktionen nutzen können. Völlig gestrichen wurde die bisherige Forderung, dass im Betrieb Räume für körperliche Ausgleichsübungen zu stellen seien.

Absatz 4 entspricht dem Kern des bisherigen § 38 ArbStättV „Sanitätsräume". Beispiele für mit **Erste-Hilfe-Räumen** vergleichbare Einrichtungen sind Rettungsstellen oder Behandlungsräume von medizinischen Zentren.

Absatz 5 enthält die inhaltlich an die moderne Arbeitswelt angepasste Verpflichtung, dass Bauunternehmer den Beschäftigten beim Einsatz fernab des Wohnorts **baustellennahe Unterkünfte** bereitstellen (z. B. Wohnlager, Schlafcontainer). Dabei wurde berücksichtigt, dass auswärts beschäftigtes Baustellenpersonal heute oft selbst durch Zimmeranmietung in Gasthöfen oder Pensionen für seine Unterkunft sorgt. Ein „anderweitiger Ausgleich" kann gegeben sein, wenn der Arbeitgeber den Beschäftigten den mit der Unterkunftsbeschaffung verbundenen Mehraufwand finanziell ausgleicht, wie dies z. B. in der Baubranche durch allgemein verbindliche tarifvertragliche Auslöse-Regelung üblich ist. Dann besteht keine Verpflichtung mehr zur Bereitstellung von Unterkünften.

Absatz 6 erweitert die Anforderungen an Arbeitsräume hinsichtlich der Raumhöhe und der Grundfläche auf Sanitärräume, Pausen- und Bereitschaftsräume, Erste-Hilfe-Räume und Baustellen-Unterkünfte.

g) Zu § 7 Ausschuss für Arbeitsstätten

Hier wurde eine **Neuerung** gegenüber der alten ArbStättV eingeführt. Künftig gibt es auch noch einen Ausschuss für Arbeitsstätten, analog zu etlichen bestehenden Ausschüssen z. B. Ausschuss für Betriebssicherheit nach § 24 BetrSichV, zur Baustellensicherheit, für Gefahrstoffe (AGS). Die Vorschrift bestimmt die Einsetzung eines mit sachverständigen Mitgliedern pluralistisch besetzten Gremiums der im Arbeitsschutz wesentlich Verantwortung tragenden Akteure. Dies soll die Mitwirkung der betroffenen Kreise sichern und dadurch eine breite Akzeptanz der von ihm ermittelten **Technischen Regeln** gewährleisten. Die Begrenzung der Mitgliederzahl auf 15 soll die Arbeitsfähigkeit des Gremiums fördern.

Die Schaffung dieses Ausschusses war bei den Anhörungen zur Novelle am meisten umstritten. So mahnte der Bundesverband der Deutschen Entsorgungswirtschaft, es könne nicht hingenommen werden, dass in dem Entwurf die Gründung eines weiteren BMWA-Beratungsausschusses vorgesehen sei. Erfahrungen aus anderen Verordnungen hätten gezeigt, dass diese beratenden Ausschüsse dann erneut ein umfangreiches neues untergesetzliches Regelwerk schaffen und damit die ursprüngliche Vorgabe der Deregulierung konterkariert wäre *(BDE)*.

Ähnlich argumentierte die Bundesarchitektenkammer, dass mit den vorgesehenen Maßgaben Vereinfachung und Flexibilisierung nicht zu erwarten sei. Erfahrungen mit anderen Ausschüssen, z. B. mit dem Ausschuss für Sicherheit und Gesundheitsschutz auf Baustellen, zeigten, dass eine unaufhaltsame Flut von neuen Regelungen erfolgt, weil diverse Interessengruppen stetig statt auf Mindeststandards auf einen „idealen" Standard abzielen *(BAK)*.

Beim endgültigen Votum des Bundesrates am 09.07.2004 wurde der Beschluss um eine Entschließung an die Bundesregierung ergänzt: Sie solle darauf hinwirken, dass Entscheidungen des Ausschusses grundsätzlich **im Konsens** getroffen werden. Die breite Anwendung und Wirksamkeit der technischen Regeln sei nur dann gewährleistet, wenn diese die Zustimmung der Länder sowie der Arbeitgeber- und der Arbeitnehmervertreter finde *(BR-Drs. 450/04 (Beschluss))*.

Absatz 2 enthält übliche Verfahrensregeln, wie die Ausschussmitglieder zu berufen sind, zur Geschäftsordnung und der Wahl des Vorsitzenden.

Absatz 3 beschreibt die Aufgaben des Ausschusses für Arbeitsstätten. Er soll einerseits die ausfüllungsbedürftigen Grundforderungen der neuen ArbStättV mit spezifischen **Regeln zum Stand der Technik, der Arbeitsmedizin und der Hygiene** ergänzen und interpretieren, andererseits für das BMWA beratend tätig sein. Der Ausschuss soll auf den allgemeinen Grundsätzen des Arbeitsschutzes nach § 4 ArbSchG aufbauen. Diese umfassen:

- Die Arbeit ist so zu gestalten, dass eine Gefährdung für Leben und Gesundheit möglichst vermieden und die verbleibende Gefährdung möglichst gering gehalten wird;
- Gefahren sind an ihrer Quelle zu bekämpfen;
- bei den Maßnahmen sind der Stand von Technik, Arbeitsmedizin und Hygiene sowie sonstige gesicherte arbeitswissenschaftliche Erkenntnisse zu berücksichtigen;
- Maßnahmen sind mit dem Ziel zu planen, Technik, Arbeitsorganisation, sonstige Arbeitsbedingungen, soziale Beziehungen und Einfluss der Umwelt auf den Arbeitsplatz sachgerecht zu verknüpfen;
- individuelle Schutzmaßnahmen sind nachrangig zu anderen Maßnahmen;
- spezielle Gefahren für besonders schutzbedürftige Beschäftigtengruppen sind zu berücksichtigen;
- den Beschäftigten sind geeignete Anweisungen zu erteilen;
- mittelbar oder unmittelbar geschlechtsspezifisch wirkende Regelungen sind nur zulässig, wenn dies aus biologischen Gründen zwingend geboten ist.

Es soll ein ausgewogenes und streng am Bedarf ausgerichtetes **Regelwerk** entstehen, das die bisherigen Arbeitsstättenrichtlinien ablösen, aber zunächst auf diese zurückgreifen wird. Allerdings spricht die amtliche Begründung der Bundesregierung von der Erarbeitung eines umfassenden technischen Regelwerkes. Die Initiative zur Erstellung neuer Regeln oder zur Überarbeitung der Arbeitsstättenrichtlinien geht von Mitgliedern des Ausschusses aus. Die Arbeit soll mit den berufsgenossenschaftlichen Fachausschüssen verzahnt werden. Ziel ist dabei, Arbeitgebern, Beschäftigten sowie den Aufsichtsdiensten der Länder und Berufsgenossenschaften ein abgestimmtes Regelwerk an die Hand zu geben und gleichzeitig Doppelarbeit zu vermeiden. Der Verzicht auf das Erarbeiten besonderer Verwaltungsvorschriften soll zu einer Entlastung des Verordnungsgebers sowie der zuständigen Länderbehörden und der Unfallversicherungsträger führen.

Absatz 4 ermächtigt das BMWA, die vom Arbeitsstättenausschuss ermittelten **Regeln amtlich bekannt zu machen**, vgl. § 8 Abs. 2 ArbStättV. Dies entspricht dem bisherigen Vorgehen bei der förmlichen Veröffentlichung der ASR im Bundesarbeitsblatt (siehe Übersicht Arbeitsstätten-Richtlinien auf Seite 24).

Absatz 5 ermöglicht die qualifizierte **Teilnahme** von Vertreterinnen und Vertretern der obersten Behörden von Bund und Ländern (Bundesministerien, zuständige Landesministerien/Senate) an den Sitzungen des Arbeitsstättenausschusses.

Absatz 6 weist die **Geschäftsführung** des Ausschusses – wie beim Ausschuss zur Baustellenverordnung – der Bundesanstalt für Arbeitsschutz und Arbeitsmedizin (BAuA in Dortmund) zu, um den dort vorhandenen Sachverstand und die Erfahrungen zu nutzen.

h)   Zu § 8 Übergangsvorschriften

Übergangsvorschriften bei der Novellierung im Dezember 1996:

§ 56 alte ArbStättV enthielt vorher Übergangsvorschriften für Betriebe, die bestanden, als die ArbStättV erstmals in Kraft getreten ist, also am 01. 05. 1976 (§ 56 Abs. 1 alte ArbStättV). Diese Regelungen waren an die neue Rechtslage anzupassen, da mit dem grundsätzlichen „Ausstieg" aus der Gewerbeordnung eine große Zahl von Betrieben v. a. der öffentlichen Hand, aber auch Apotheken, Arztpraxen, Betriebe der Urproduktion und des Eisenbahnwesens erstmals in den Anwendungsbereich fielen.

Absatz 2 basiert auf dem bisherigen § 56 Abs. 3 alte ArbStättV und trägt dem schutzwürdigen Interesse an Bestandsschutz einmal getroffener Verwaltungsentscheidungen für Arbeitsstätten Rechnung, die erst seit der Ausdehnung des Geltungsbereichs im Dezember 1996 den Vorschriften der ArbStättV unterliegen und die zu diesem Zeitpunkt bereits errichtet waren oder mit deren Errichtung damals bereits begonnen war.

Maßgeblicher Zeitpunkt für diese Betriebe war zunächst der 20.12.1996, an dem die Novelle in Kraft trat. Allerdings war diese Anwendbarkeit durch die Klausel zum Bestandsschutz in § 56 Abs. 1, 2. Halbsatz alte ArbStättV erheblich eingeschränkt. Eigentlich als erforderlich erkannte Änderungen, um Arbeitsstätten, Betriebseinrichtungen, Arbeitsverfahren oder -abläufe dem materiellen Standard der ArbStättV anzugleichen, brauchten dann nicht vorgenommen werden, wenn dies einen erheblichen Umfang erreicht hätte. Damit galt ein erheblicher Bestandsschutz gegen z. B. den nachträglichen Einbau von Fenstern bei ungenügender Sichtverbindung, Schaffung zusätzlicher Toiletten oder Rettungswege.

Im Umkehrschluss waren Änderungen durchzuführen, wenn sie mit relativ geringem Aufwand möglich waren, etwa die Erhöhung der Beleuchtungsstärke, Anbringen von Lamellenstores als Blendschutz an Bildschirmarbeitsplätzen. Für alle Arbeitsstätten galt durch § 56 Abs. 3 S. 2 alte ArbStättV, dass sie spätestens bis zum 01.01.1999 an den Standard für bestehende Arbeitsstätten gem. Anhang II der EG-Arbeitsstätten-Richtlinie anzupassen waren. Gegenüber dem vom Rat der EG vorgegebenen Zeitpunkt ist dies eine Verschiebung um drei Jahre, mit der den Betrieben angesichts der politisch begründeten verspäteten Umsetzung eine angemessene Übergangsfrist eingeräumt werden sollte. Darüber hinaus konnte die Arbeitsschutzbehörde/Gewerbeaufsicht gem. § 56 Abs. 2 alte ArbStättV im Einzelfall Änderungen verlangen und diese Maßnahmen nach § 22 Abs. 3 Nr. 1 ArbSchG anordnen,

• anlässlich von wesentlichen baulichen Änderungen oder Nutzungsänderungen,

• wenn Arbeitsabläufe oder -verfahren wesentlich geändert werden und

• um vermeidbare Gefahren für Leben und Gesundheit abzustellen.

Um diese Übergangsregelungen leichter nachvollziehen zu können, soll die entsprechende Übersicht (siehe Seite 13) eine Hilfe bieten.

Durch **Absatz 2** gelten die **aktuellen Arbeitsstättenrichtlinien** (siehe Übersicht auf Seite 24) jeweils so lange, bis eine entsprechende neue Regel bekannt gegeben ist, bzw. werden nach 6 Jahren ungültig, spätestens also im August 2010. Bayern hatte in seinem Entwurf der Arb-StättV-Novelle *(BR-Drs. 666/03)* und in den Beratungen im Bundesrat maximal 3 Jahre vorgeschlagen, wurde aber überstimmt. Durch den paritätisch besetzten Ausschuss mit Vertretern von Arbeitgebern, Gewerkschaften, Gewerbeaufsicht und Berufsgenossenschaften werden statt der bisherigen ASR künftig Technische Regeln für Arbeitsstätten (RAS oder TRA*) zur Konkretisierung der ArbStättV aufgestellt, ähnlich der Konzipierung von Regeln zum Arbeitsschutz auf Baustellen von 2000 – 2003 – der RAB-Serie zur BaustellV).

Übersicht: Arbeitsstättenrichtlinien (ASR) – Stand Juli 2004

Ldf. Nr.	Titel	veröffentlicht
ASR 5	Lüftung	22.08.1979, BArbBl Nr. 10/79; zuletzt geändert am 03.09.1984, BArbBl Nr. 12/84
ASR 6	Raumtemperaturen	08.05.2001; BArbBl Nr. 6-7/2001
ASR 7/1	Sichtverbindung nach außen	02.04.1976, BArbBl Nr. 4/76
ASR 7/3	Künstliche Beleuchtung	01.10.1993, BArbBl Nr. 11/93
ASR 7/4	Sicherheitsbeleuchtung	22.12.1980, BArbBl Nr. 3/81; zuletzt geändert am 01.08.1988, BArbBl Nr. 9/88
ASR 8/1	Fußböden	14.04.1977, BArbBl Nr. 5/77; zuletzt geändert am 01.08.1988, BArbBl Nr. 9/88
ASR 8/4	Lichtdurchlässige Wände	21.01.1977, BArbBl Nr. 2/77, 3/81
ASR 8/5	Nicht durchtrittsichere Dächer	21.01.1977, BArbBl Nr. 2/77, 3/81
ASR 10/1	Türen, Tore	20.06.1985, BArbBl Nr. 9/85; zuletzt geändert am 01.08.1988, BArbBl Nr. 9/88
ASR 10/5	Glastüren, Türen mit Glaseinsatz	02.04.1976, BArbBl Nr. 4/76, 9/76, 3/81

---

*) Die zu gebrauchende Abkürzung wurde durch den Verordnungsgeber bisher noch nicht festgelegt.

Ldf. Nr.	Titel	veröffentlicht
ASR 10/6	Schutz gegen Ausheben, Herausheben und Herabfallen von Türen und Toren	22.08.1979, BArbBl Nr. 10/79; zuletzt geändert am 13.09.1984, BArbBl Nr. 12/84
ASR 11/1-5	Kraftbetätigte Türen und Tore	20.06.1985, BArbBl Nr. 9/85
ASR 12/1-3	Schutz gegen Absturz und herabfallende Gegenstände	10.08.1986, BArbBl Nr. 10/86
ASR 13/1, 2	Feuerlöscheinrichtungen	14.05.1997, BArbBl Nr. 7–8/97
ASR 17/1, 2	Verkehrswege	06.11.1987, BArbBl Nr. 1/88; zuletzt geändert am 01.08.1988, BArbBl Nr. 9/88
ASR 18/1-3	Fahrtreppen und Fahrsteige	14.04.1977, BArbBl Nr. 5/77, BArbBl Nr. 3/81
ASR 20	Steigeisengänge und Steigleitern	14.05.1997, BArbBl Nr. 7–8/97
ASR 25/1	Sitzgelegenheiten	21.10.1985, BArbBl Nr. 12/85; zuletzt geändert am 01.08.1988, BArbBl Nr. 9/88
ASR 29/1-4	Pausenräume	25.04.1977, BArbBl Nr. 6/77; zuletzt geändert am 01.08.1988, BArbBl Nr. 9/88
ASR 31	Liegeräume	25.04.1977, BArbBl Nr. 6/77
ASR 34/1-5	Umkleideräume	25.05.1976, BArbBl Nr. 6/76; zuletzt geändert am 01.08.1988, BArbBl Nr. 9/88
ASR 35/1-4	Waschräume	26.06.1976, BArbBl Nr. 9/76; zuletzt geändert am 01.08.1988, BArbBl Nr. 9/88

Ldf. Nr.	Titel	veröffentlicht
ASR 35/5	Waschgelegenheiten außerhalb von erforderlichen Waschräumen	03.05.1976, BArbBl Nr. 5/76; zuletzt geändert am 30.06.1977, BArbBl Nr. 10/77
ASR 37/1	Toilettenräume	26.06.1976, BArbBl Nr. 9/76, 5/77, 10/77, 7-8/79
ASR 38/2	Sanitätsräume	10.08.1986, BArbBl Nr. 10/86
ASR 39/1, 3	Mittel und Einrichtungen zur Ersten Hilfe	21.08.1996, BArbBl Nr. 10/96
ASR 41/3	Künstliche Beleuchtung für Arbeitsplätze und Verkehrswege im Freien	01.10.1993, BArbBl Nr. 11/93
ASR 45/1–6	Tagesunterkünfte auf Baustellen	17.10.1977, BArbBl Nr. 11/77; zuletzt geändert am 01.08.1988, BArbBl Nr. 9/88
ASR 47/1–3,5	Waschräume für Baustellen	17.10.1977, BArbBl Nr. 11/77
ASR 48/1, 2	Toiletten und Toilettenräume auf Baustellen	17.10.1977, BArbBl Nr. 11/77
(ASR 55 = Entwurf)	Empfehlung des BMA zur Aufstellung von Flucht- und Rettungsplänen nach § 55 ArbStättV; Bek. vom 10.12.1987	10.12.1987, BArbBl Nr. 3/88

3. Zum Anhang – Anhang Anforderungen an Arbeitsstätten nach § 3 Abs. 1

Die nachfolgenden Anforderungen gelten in allen Fällen, in denen die Eigenschaften der Arbeitsstätte oder der Tätigkeit, die Umstände oder eine Gefahr dies erfordern.

1 ALLGEMEINE ANFORDERUNGEN

1.1 Konstruktion und Festigkeit von Gebäuden

Die Anforderungen an Stabilität und Festigkeit werden wegen des über das Baurecht der Länder hinausgehenden Regelungsgegenstandes in Bezug auf die „Konstruktion" des Gebäudes und wegen einer notwendigen bundeseinheitlichen Regelung im Arbeitsstättenrecht getroffen.

1.2 Abmessungen von Räumen, Luftraum

Die Festlegungen orientieren sich an § 23 der bisherigen Arbeitsstättenverordnung. Auf die Angabe von **Mindestgrundflächen** und -höhen wurde aus Gründen der Flexibilität verzichtet. So können z. B. die gemäß Länderbauordnungen differierenden **Mindesthöhen** für Aufenthaltsräume Berücksichtigung finden.

Ziel der Festlegungen zum **Luftraum** in Absatz 2 ist es, die recht statischen Anforderungen des bisherigen § 23 Abs. 4 alte ArbStättV durch eine flexibel angelegte Schutzzielbestimmung zu ersetzen. Die maßlichen Anforderungen an den Luftraum ergeben sich in Abhängigkeit von mehreren Faktoren, wobei die raumklimatischen Bedingungen, die Grundfläche und Höhe der Räume, die Anzahl der Beschäftigten und ihre körperliche Belastung sowie die Anzahl der nicht ständig anwesenden Personen betriebsspezifisch variieren können.

1.3 Sicherheits- und Gesundheitsschutzkennzeichnung

Hier werden grundsätzliche Festlegungen in Bezug auf Sicherheits- und Gesundheitsschutzkennzeichnung am Arbeitsplatz getroffen. Diese ist immer dann notwendig, wenn die Risiken nicht durch kollektive technische Maßnahmen oder durch arbeitsorganisatorische Maßnahmen vermieden oder ausreichend begrenzt werden können. Die Verwendung einer harmonisierten Kennzeichnung, wie in der EG-Sicherheitskennzeichnungsrichtlinie 92/58/EWG vorgesehen, trägt dazu bei, die Risiken aufgrund sprachlicher und kultureller Unterschiede in einem Europa mit Freizügigkeit für die Arbeitnehmerinnen und Arbeitnehmer zu minimieren.

Der gleitende Verweis auf diese EG- Richtlinie erspart bei „Änderungen aus Brüssel" eine zeitnahe Novellierung der ArbstättV. Das BMWA will zur besseren Anwendbarkeit dieser Regelung den Wortlaut der Sicherheitskennzeichnungsrichtlinie einschließlich der Anlagen in der jeweils geltenden Fassung als Serviceleistung ins Internet einstellen.

1.4   Energieverteilungsanlagen

Die EG-Arbeitstättenrichtlinie enthält lediglich Anforderungen an die Konzeption und Installation von „elektrischen Anlagen", von denen keine Unfall-, Brand- und Explosionsgefahren ausgehen dürfen. Die ArbstättV geht insofern darüber hinaus, dass sie auf die Versorgung des Betriebs mit „Energie" abstellt, also die Verteilung von Strom, Flüssig- oder Erdgas, Dampf und Druckluft, soweit diese integraler Bestandteil der Arbeitsstätte ist.

Durch die Bestimmungen zum Schutz vor direktem oder indirektem Berühren von spannungsführenden Teilen soll möglichen Gesundheitsschäden im Falle des Einwirkens von gefährlichen Körperströmen (über 50 V Wechsel- oder 120 V Gleichspannung) entgegengewirkt werden. **Indirektes Berühren** liegt vor, wenn in der Gefahrenzone die Luftstrecke zwischen blankem Stromleiter und Mensch mit einem Lichtbogen überbrückt wird. Spezielle Bedingungen der Arbeitsstätte wie z. B. Feuchträume oder ein besonderer Berührungsschutz müssen berücksichtigt werden.

1.5   Fußböden, Wände, Decken, Dächer

Die Bundesarchitektenkammer hatte zu Pkt. 1.5.2 gefordert, „Unebenheiten und Löcher" mit einer Ausnahmeregelung für Baustellen auszustatten. So wird die Abdeckung von Deckendurchbrüchen für spätere Installationen (= Löcher gemäß Verordnungstext) in der Regel mit Brettern hergestellt, die dann eine Bodenunebenheit ergeben und somit formell unzulässig wären. Dies wurde vom BMWA aber nicht berücksichtigt.

1.6   Fenster, Oberlichter

Die EG-Kommission hatte die Bundesregierung darauf hingewiesen, dass sie die Umsetzung der EG-Arbeitsstättenrichtlinie in der geltenden ArbStättV hinsichtlich u. a. Oberlichter als speziell eingerichtete Nottüren für unzureichend hält. Diesen Hinweisen der Kommission trägt die Novellierung Rechnung, indem die einschlägigen Bestimmungen im Anhang klarer gefasst werden.

1.7 Türen, Tore

Die Bestimmung fasst die detaillierten Anforderungen der bisherigen §§ 10 und 11 alte ArbStättV in Form betriebsnaher Schutzziele zusammen und aktualisiert Regelungen zu Notabschalteinrichtungen kraftbetätigter Türen nach dem Stand der Technik.

1.8 Verkehrswege

Hier wurden die Festlegungen des bisherigen § 17 alte ArbStättV übernommen. In Absatz 2 sind drei Kategorien von Verkehrswegen zu beachten.

1.9 Fahrtreppen, Fahrsteige

Die Bestimmung entspricht § 18 der bisherigen ArbStättV.

1.10 Laderampen

Die Regelung basiert auf dem bisherigen § 21. Die EG-Kommission hatte die Bundesregierung darauf hingewiesen, dass sie die Umsetzung der EG-Arbeitsstättenrichtlinie in der geltenden ArbStättV hinsichtlich u. a. von Laderampen für unzureichend hält. Diesen Hinweisen der Kommission trägt die Novellierung Rechnung, indem die einschlägigen Bestimmungen im Anhang klarer gefasst werden.

Nunmehr ist die Größe der Laderampen entsprechend den transportierten Lasten auszulegen; dies gibt eine bisher noch nicht hinreichend umgesetzte Anforderung der EG-Arbeitsstättenrichtlinie und der EG-Baustellenrichtlinie Rechnung wieder.

1.11 Steigleitern, Steigeisengänge

Diese Bestimmungen fassen den bisherigen § 20 in Form flexibler Schutzziele zusammen

2 MASSNAHMEN ZUM SCHUTZ VOR BESONDEREN GEFAHREN

Der Abschnitt 2 enthält technische und organisatorische Maßnahmen, die den Schutz der Beschäftigten vor besonderen arbeitsstättenspezifischen Gefährdungen bezwecken, wie Absturz, Brand, Flucht- und Rettungsmöglichkeiten

2.1 Schutz vor Absturz und herabfallenden Gegenständen, Betreten von Gefahrenbereichen

Die Anforderungen übernehmen den bisherigen § 12.

2.2 Schutz vor Entstehungsbränden

Anknüpfend an die Zielsetzung eines vorbeugenden Schutzes der Beschäftigten vor Brandgefahren in der Arbeitsstätte wird der bisherige § 13 auf eine aktuelle Grundlage gestellt.

2.3 Fluchtwege und Notausgänge

Die EG-Richtlinien verwenden nur den Begriff „Fluchtweg(e)". Im Bauordnungsrecht (Musterbauordnung und 16 Landesbauordnungen) wird dagegen durchgängig der Begriff „Rettungsweg" gebraucht. **Flucht- und Rettungsweg** sind grundsätzlich nicht identisch. Ein Fluchtweg dient Beschäftigten zum schnellen und sicheren Verlassen der Arbeitsstätte bei akuter Gefahr. Über Rettungswege gelangt das Rettungspersonal, z. B. die Feuerwehr in die Arbeitsstätte, um darin in Not befindliche oder verletzte Beschäftigte befreien oder bergen zu können. Dies kann auch über „Luftstrecken" erfolgen, etwa mit Drehleiter, einem teleskopierbaren Arbeitskorb oder dem Hubschrauber.

Unterschiedliche Begriffe im Arbeitsschutz- und Bauordnungsrecht können zu Missverständnissen im Betrieb, zu Erschwernissen in der Bauplanung und zu Verzögerungen im Baugenehmigungsverfahren führen. In den Beratungen im Bundesrat kam es jedoch zu keinem Konsens.

Absatz 2 Satz 2 enthält ein aus den EG-Richtlinien übernommenes generelles **Verbot von Karussell- und Schiebetüren** in Notausgängen. Die EG-Kommission hatte die Bundesregierung ermahnt, dass sie die Umsetzung der EG-Arbeitsstättenrichtlinie in der bisherigen ArbstättV für unzureichend hält, weil dort das Verbot von Schiebe- und Drehtüren als speziell eingerichteten Nottüren fehlt. Diesen Hinweisen der Kommission trägt die Novellierung Rechnung, indem dies hier klar gefasst wurde.

Dies ist rechtstechnisch nachvollziehbar, entspricht allerdings nicht dem heutigen **allgemein anerkannten Stand der Technik**. Es gibt auf dem Markt Systeme, die sowohl für diese speziellen Dreh- wie für Schiebetüren funktionierende Notausgangslösungen anbieten, wenn aus denkmalrechtlichen oder anderen Gründen nur diese Tür ohne daneben liegende Fluchttür eingebaut werden kann. Es sollte daher zumindest ein Ausnahmetatbestand in der ArbStättV enthalten sein *(BAK)*. Während des Novellierungsverfahrens ereignete sich allerdings ein tragischer Unfall, als im Flughafen Köln-Bonn ein kleiner Junge in einer solchen Karussell-Tür wegen der systemimmanenten unzureichenden Sicherheitstechnik tödlich eingequetscht wurde. Dies ließ die Diskussion über die Verbotsklausel verstummen.

3 ARBEITSBEDINGUNGEN

Neben anderen Faktoren bestimmen auch die äußeren Arbeitsbedingungen das sichere Betreiben einer Arbeitsstätte. Abschnitt 3 enthält hierzu die notwendigen grundlegenden Anforderungen.

3.1 Bewegungsfläche

Bewegungsfreiheit ist eine Grundbedingung für das Wohlbefinden der Beschäftigten am Arbeitsplatz. Die maßlichen Vorgaben des bisherigen § 24 zur **Mindestbewegungsfläche** werden in eine flexible Schutzzielvorgabe ohne Zahlenwerte geändert.

3.2 Anordnung der Arbeitsplätze

Die Vorschrift knüpft an die bisherige Bestimmung des § 51 Abs. 2 an und überträgt die Anforderung einer bisher auf Wasserfahrzeuge und schwimmende Anlagen beschränkten Regelung zur **sicheren Zugänglichkeit** unter dem Blickwinkel der Arbeitsstätte auf alle Arbeitsplätze.

Sie berücksichtigt auch die Möglichkeiten, sich im Gefahrenfall rasch in Sicherheit zu bringen. Diese Festlegung ist jetzt durch den neuen § 4 Abs. 4 auf alle Arbeitsstätten erweitert. Bisher war sie im § 44 Abs. 3 Nr. 2 für Baustellen getroffen und ist auch in der EG-Arbeitsstättenrichtlinie und der EG-Baustellenrichtlinie nur für Arbeitsplätze im Freien und auf Baustellen vorgesehen.

Aufgrund von Erfahrungen in der praktischen Arbeitsgestaltung und Hinweisen aus dem Vollzug wurde zusätzlich aufgenommen, bei der Anordnung von Arbeitsplätzen darauf zu achten, dass die Beschäftigten nicht durch Einwirkungen von außerhalb gefährdet werden.

3.3 Ausstattung

Die Regelung übernimmt Bestimmungen der EG-Arbeitsstätten- und der EG-Baustellenrichtlinie.

3.4 Beleuchtung und Sichtverbindung

Auch diese Regelung setzt Bestimmungen von EG-Arbeitsstätten- und Baustellenrichtlinien um.

3.5 Raumtemperatur

Im Hinblick auf den Gesundheitsschutz der Beschäftigten werden die Bestimmungen des bisherigen § 6 zur Raumtemperatur und des bisherigen § 9 Abs. 2 zum Schutz vor übermäßiger Sonneneinstrahlung neu gefasst. Die Anforderungen richten sich neben den Arbeitsräumen auch an „andere Räume" wie Pausen-, Bereitschafts-, Sanitär-, Kantinen- und Erste-Hilfe-Räume.

3.6 Lüftung

Die Bestimmung formuliert die Anforderungen des bisherigen § 5 in zeitgemäßer Form neu.

3.7 Lärm

Gegenüber dem bisherigen § 15 Abs. 1 wurden die detaillierten Lärmgrenzwerte gestrichen, nur der grundlegende Grenzwert von 85 dB (A) wurde mit dem Ziel der Prävention der Lärmschwerhörigkeit beibehalten.

4 SANITÄRRÄUME, PAUSEN- UND BEREITSCHAFTSRÄUME, ERSTE-HILFE-RÄUME, UNTERKÜNFTE

Regelungsgegenstand dieses Abschnitts ist die Festlegung konkretisierender Anforderungen zur Rahmenvorschrift im neuen § 6. Dieser verpflichtet den Arbeitgeber Räumlichkeiten für hygienische Zwecke oder für Pausen- und Bereitschaftszeiten bereitzustellen. Dabei müssen diese Räume je nach ihrem betrieblichen Zweck bestimmten sicherheits-, einrichtungstechnischen und hygienischen Anforderungen genügen.

4.1 Sanitärräume

Die Bestimmung konkretisiert die Ausstattungsanforderungen und stimmt inhaltlich mit den Vorgaben der EG-Arbeitsstätten- und der EG-Baustellenrichtlinie überein.

4.2 Pausen- und Bereitschaftsräume

Die Vorschrift regelt die Lage und die Mindestausstattung von Pausen- und Bereitschaftsräumen und entspricht den Vorgaben der EG-Arbeitsstätten- und der EG-Baustellenrichtlinie sowie den bisherigen §§ 29, 30, 45 Abs. 1 Nr. 2 und Abs. 5.

4.3 Erste-Hilfe-Räume

Die Vorschrift enthält Vorgaben zur Kennzeichnung und Ausstattung von Erste-Hilfe-Räumen und ist inhaltsgleich zu den bisherigen §§ 38 und 39.

4.4 Unterkünfte

Die Bestimmung findet sich nur in der EG-Baustellenrichtlinie; sie konkretisiert die Vorschrift im neu strukturierten § 6 Abs. 5 hinsichtlich einzelner Ausstattungsanforderungen und der Zuteilung der Räume.

5 ERGÄNZENDE ANFORDERUNGEN AN BESONDERE ARBEITS-STÄTTEN

Dieser Abschnitt fasst hinsichtlich nicht allseits umschlossener und im Freien liegender Arbeitsstätten und für Baustellen die Anforderungen zusammen, die den Vorgaben der EG-Arbeitsstätten- und der EG-Baustellenrichtlinie sowie dem bisherigen Arbeitsstättenrecht entsprechen und über die im Verfügungsteil und in den Abschnitten 1 bis 4 enthaltenen Anforderungen hinausgehen. Für Baustellen wurden ferner weiterhin erforderliche Regelungen aus der bisherigen „Winterbauverordnung" einbezogen.

5.1 Nicht allseits umschlossene und im Freien liegende Arbeitsstätten

Die Vorschrift enthält Anforderungen an Arbeitsstätten zum Schutz vor äußeren Einflüssen für Tätigkeiten, die nicht in umschlossenen Räumen stattfinden. Es handelt sich um die bisherigen §§ 2 und 42 Winterbauverordnung.

5.2 Zusätzliche Anforderungen an Baustellen

Die Regelungen beschreiben für den Bereich der Baustellen zusätzlich notwendige, an anderer Stelle des Anhangs oder in der Baustellenverordnung noch nicht hinreichend verankerte spezifische Anforderungen aus der EG-Baustellenrichtlinie. Dies betrifft insbesondere Maßnahmen zur Stabilisierung von Materialien und Ausrüstungen, zum Schutz von Personen, die Verkehrswege auf Baustellen benutzen sowie Sicherheitsvorkehrungen bei speziellen Arbeiten auf Baustellen mit besonderen Gefährdungslagen. Die Bestimmungen ersetzen die erforderlichen Inhalte der bisherigen §§ 43 bis 49.

4. Zu Artikel 2 – Änderung der Allgemeinen Bundesbergverordnung

Der Artikel 2 der ArbStättV-Artikelverordnung integriert den Nichtraucherschutz in die Allgemeine Bundesbergverordnung.

5. Zu Artikel 3 – Aufhebung der Verordnung über besondere Arbeitsschutzanforderungen bei Arbeiten im Freien in der Zeit vom 1. November bis 31. März

Der Artikel 3 hebt die Verordnung über besondere Arbeitsschutzanforderungen bei Arbeiten im Freien in der Zeit vom 1. November bis 31. März („Winterbauverordnung") auf, die bereits mehrfach „verschlankt" wurde und deren restliche Anforderungen in die novellierte ArbStättV integriert wurden.

6. Zu Artikel 4 – In-Kraft-Treten, Außer-Kraft-Treten

Diese Vorschrift gibt den Zeitpunkt des In-Kraft-Tretens ohne jede Übergangsregelung an. Gleichzeitig bedeutet dies das sofortige „Aus" der für viele Beteiligte vertrauten und bewährten Bestimmungen der alten Arbeitsstättenverordnung.

II. Vergleiche alte ArbStättV zur neuen ArbStättV

1. Strukturvergleich alte – neue ArbStättV

Übersicht: alte ArbStättV 1975–2004

1. Kapitel: **Allgemeine Vorschriften**   §§ 1–4

- Geltungsbereich
- Definitionen
- Grundpflicht des Arbeitgebers
- Ausnahmen, Abweichungen

2. Kapitel **Räume, Verkehrswege in Gebäuden**   §§ 5–39

- Arbeitsräume: Luft, Licht, Temperatur, Lärm, Brandschutz, Abmessungen, Decken, Wände, Fenster
- Pausenräume: Pausen-, Bereitschafts-, Liegeräume, Räume für körperliche Ausgleichsübungen
- Sanitärräume: Umkleide-, Wasch-, Toilettenräume
- Sanitätsräume, Mittel und Einrichtungen zur ersten Hilfe

3. Kapitel **Arbeitsplätze im Freien**   §§ 40–42

4. Kapitel **Baustellen**   §§ 43–48

- Arbeitsplätze und Verkehrswege auf Baustellen
- Unterkünfte auf Baustellen: für Pausen (Tagesunterkünfte) und für die Freizeit (Gemeinschaftsunterkünfte)
- Waschräume und Toiletten auf Baustellen
- Rettungskette: Erste Hilfe, Sanitätsräume

5. Kapitel **Verkaufsstände im Freien** bei Läden   §§ 49–50

6. Kapitel **Wasserfahrzeuge** auf Binnengewässern   § 51

7. Kapitel **Betrieb der Arbeitsstätten**   §§ 52–55

- Arbeitsplätze und Verkehrswege freihalten, gefährliche Aufbewahrung
- Instandhalten und Prüfen von Sicherheitseinrichtungen
- Reinhaltung, gefährliche Ablagerungen
- Flucht- und Rettungsplan, Übungen (falls erforderlich)

8. Kapitel **Übergangsvorschriften**   § 56

Übersicht: neue ArbStättV 2004

§ 1   Ziel, Anwendungsbereich

§ 2   **Begriffsbestimmungen**

§ 3   Einrichten und Betreiben von Arbeitsstätten

§ 4   **Besondere Anforderungen** an das Betreiben von Arbeitsstätten

§ 5   **Nichtraucherschutz**

§ 6   Arbeitsräume,
       Sanitärräume,
       Pausen- und Bereitschaftsräume,
       Erste-Hilfe-Räume,
       Unterkünfte

§ 7   **Ausschuss** für Arbeitsstätten

§ 8   **Übergangsvorschriften**

Anhang   Anforderungen an Arbeitsstätten nach § 3 Abs. 1

2.   Textvergleich

Übersicht: Textvergleich zwischen bisheriger und neuer ArbStättV

Bisherige ArbStättV 1975–2004	Neue ArbStättV 2004
§ 7 Beleuchtung (1) Arbeits-, Pausen-, Bereitschafts-, Liege- und Sanitätsräume müssen eine **Sichtverbindung nach außen** haben. Dies gilt nicht für 1. Arbeitsräume, bei denen betriebstechnische Gründe eine Sichtverbindung nicht zulassen, 2. Verkaufsräume sowie Schank- und Speiseräume in Gaststätten einschließlich der zugehörigen anderen Arbeitsräume, sofern die Räume vollständig unter Erdgleiche liegen,	*Die ArbStättV enthält keine Forderung nach einer Sichtverbindung (Fenster) mehr.* **Anhang 3.4 Beleuchtung und Sichtverbindung** (1) Die Arbeitsstätten müssen **möglichst ausreichend Tageslicht** erhalten und mit Einrichtungen für eine der Sicherheit und dem Gesundheitsschutz der Beschäftigten angemessenen **künstlichen Beleuchtung** ausgestattet sein.

Bisherige ArbStättV 1975–2004	Neue ArbStättV 2004
3. Arbeitsräume mit einer Grundfläche von mind. 2.000 m², sofern Oberlichter vorhanden sind.	
(2) **Lichtschalter** müssen leicht zugänglich und selbstleuchtend sein. Sie müssen auch in der Nähe der Zu- und Ausgänge sowie längs der Verkehrswege angebracht sein. Dies gilt nicht, wenn die Beleuchtung zentral geschaltet wird. Selbstleuchtende Lichtschalter sind bei vorhandener Orientierungsbeleuchtung nicht erforderlich.	(2) Die **Beleuchtungsanlagen** sind so auszuwählen und anzuordnen, dass sich dadurch keine Unfall- oder Gesundheitsgefahren ergeben können.
(3) **Beleuchtungseinrichtungen** in Arbeitsräumen und Verkehrswegen sind so anzuordnen und auszulegen, dass sich aus der Art der Beleuchtung keine Unfall- oder Gesundheitsgefahren für die Arbeitnehmer ergeben können. Die Beleuchtung muss sich nach der Art der Sehaufgabe richten. Die Stärke der **Allgemeinbeleuchtung** muss mind. 15 Lux betragen.	(3) Arbeitsstätten, in denen die Beschäftigten bei Ausfall der Allgemeinbeleuchtung Unfallgefahren ausgesetzt sind, müssen eine **ausreichende Sicherheitsbeleuchtung** haben.
(4) Sind auf Grund der Tätigkeit der Arbeitnehmer, der vorhandenen Betriebseinrichtungen oder sonstiger besonderer betrieblicher Verhältnisse bei Ausfall der Allgemeinbeleuchtung Unfallgefahren zu befürchten, muss eine **Sicherheitsbeleuchtung** mit einer Beleuchtungsstärke **von mind. 1 %** der Allgemeinbeleuchtung, mind. jedoch von 1 Lux vorhanden sein.	

Bisherige ArbStättV 1975–2004	Neue ArbStättV 2004
§ 23 Raumabmessungen, Luftraum	*Die ArbStättV enthält keine konkreten Zahlenangaben für Mindestgrundfläche, lichte Höhe und Mindestluftraum.*
(1) Arbeitsräume müssen eine **Grundfläche** von mind. 8,00 m² haben.	
(2) Räume dürfen als Arbeitsräume nur genutzt werden, wenn die **lichte Höhe** bei einer Grundfläche von	**§ 6 Arbeitsräume,** Sanitärräume, Pausen- und Bereitschaftsräume, Erste-Hilfe-Räume, Unterkünfte
1. nicht mehr als 50 m² mind. 2,50 m, 2. mehr als 50 m² mind. 2,75 m, 3. mehr als 100 m² mind. 3,00 m, 4. mehr als 2 000 m² mind. 3,25 m beträgt.	(1) Der Arbeitgeber hat solche **Arbeitsräume** bereitzustellen, die eine **ausreichende Grundfläche und Höhe sowie** einen **ausreichenden Luftraum** aufweisen.
Bei Räumen mit Schrägdecken darf die lichte Höhe im Bereich von Arbeitsplätzen und Verkehrswegen an keiner Stelle 2,50 m unterschreiten.	**Anhang 1.2 Abmessungen von Räumen, Luftraum**
(3) Die in Abs. 2 genannten Maße können bei Verkaufsräumen, Büroräumen und anderen Arbeitsräumen, in denen überwiegend leichte oder sitzende Tätigkeit ausgeübt wird, oder aus zwingenden baulichen Gründen um 0,25 m herabgesetzt werden, wenn hiergegen keine gesundheitlichen Bedenken bestehen. Die lichte Höhe darf **nicht weniger als 2,50 m** betragen.	(1) Arbeitsräume müssen eine ausreichende Grundfläche und eine, in Abhängigkeit von der Größe der Grundfläche der Räume, ausreichende lichte Höhe aufweisen, so dass die Beschäftigten ohne Beeinträchtigung ihrer Sicherheit, ihrer Gesundheit oder ihres Wohlbefindens ihre Arbeit verrichten können.
(4) In Arbeitsräumen muss für jeden ständig anwesenden Arbeitnehmer als **Mindestluftraum**	(2) Die Abmessungen aller weiteren Räume richten sich nach der Art ihrer Nutzung.
1. 12 m³ bei überwiegend sitzender Tätigkeit, 2. 15 m³ bei überwiegend nicht sitzender Tätigkeit, 3. 18 m³ bei schwerer körperlicher Arbeit vorhanden sein.	

Bisherige ArbStättV 1975–2004	Neue ArbStättV 2004
Der Mindestluftraum darf durch Betriebseinrichtungen nicht verringert werden. Wenn sich in Arbeitsräumen mit natürlicher Lüftung neben den ständig anwesenden Arbeitnehmern auch andere Personen nicht nur vorübergehend aufhalten, ist für jede zusätzliche Person ein Mindestluftraum von 10 m³ vorzusehen. Satz 3 gilt nicht für Verkaufsräume sowie Schank- und Speiseräume in Gaststätten.	(3) Die **Größe** des notwendigen Luftraumes ist in Abhängigkeit von der Art der körperlichen Beanspruchung und der Anzahl der Beschäftigten sowie der sonstigen anwesenden Personen zu bemessen.
§ 29 Pausenräume (1) Den Arbeitnehmern ist ein leicht erreichbarer Pausenraum zur Verfügung zu stellen, wenn mehr als zehn Arbeitnehmer beschäftigt sind oder gesundheitliche Gründe oder die Art der ausgeübten Tätigkeit es erfordern. Dies gilt nicht, wenn die Arbeitnehmer in Büroräumen oder vergleichbaren Arbeitsräumen beschäftigt sind und dort die Voraussetzungen für eine gleichwertige Erholung während der Pausen gegeben sind. (2) Die **lichte Höhe** von Pausenräumen muss den **Anforderungen des § 23 Abs. 2 (Raumabmessungen)** entprechen. (3) In Pausenräumen muss **für jeden Arbeitnehmer**, der den Raum benutzen soll, eine Grundfläche von **mind. 1,00 m²** vorhanden sein. Die **Grundfläche** eines Pausenraumes muss **mind. 6,00 m²** betragen.	**§ 6** Arbeitsräume, Sanitärräume, **Pausen- und Bereitschaftsräume,** Erste-Hilfe-Räume, Unterkünfte (3) Bei **mehr als zehn Beschäftigten** oder wenn Sicherheits- oder Gesundheitsgründe dies erfordern, ist den Beschäftigten ein **Pausenraum** oder ein entsprechender **Pausenbereich** zur Verfügung zu stellen. Dies gilt nicht, wenn die Beschäftigten in Büroräumen oder vergleichbaren Arbeitsräumen beschäftigt sind und dort gleichwertige Voraussetzungen für eine Erholung während der Pause gegeben sind. Fallen in die Arbeitszeit regelmäßig und häufig Arbeitsbereitschaftszeiten oder Arbeitsunterbrechungen und sind keine Pausenräume vor-

Bisherige ArbStättV 1975–2004	Neue ArbStättV 2004
(4) Pausenräume müssen entsprechend der Zahl der Arbeitnehmer, die sich gleichzeitig in den Räumen aufhalten sollen, mit Tischen, die leicht zu reinigen sind, Sitzgelegenheiten mit Rückenlehne sowie mit Kleiderhaken, Abfallbehältern und bei Bedarf auch mit Vorrichtungen zum Anwärmen und zum Kühlen von Speisen und Getränken ausgestattet sein. Trinkwasser oder ein anderes alkoholfreies Getränk muss den Arbeitnehmern zur Verfügung gestellt werden.	handen, so sind für die Beschäftigten **Räume für Bereitschaftszeiten** einzurichten.
§ 30 Bereitschaftsräume	**Anhang 4.2 Pausen- und Bereitschaftsräume**
Fällt in die Arbeitszeit regelmäßig und in erheblichem Umfang Arbeitsbereitschaft an und stehen keine Pausenräume bereit, so sind Bereitschaftsräume zur Verfügung zu stellen, in denen sich die Arbeitnehmer während der Dauer der Arbeitsbereitschaft aufhalten können.	(1) Pausenräume oder entsprechende Pausenbereiche nach § 6 Abs. 3 Satz 1 sind a) für die Beschäftigten leicht erreichbar an ungefährdeter Stelle und **in ausreichender Größe** bereitzustellen, b) entsprechend der Anzahl der gleichzeitigen Benutzer mit leicht zu reinigen den Tischen und **Sitzgelegenheiten** mit Rückenlehne auszustatten,
Bereitschaftsräume müssen den Anforderungen des § 29 Abs. 2 und 3 (Raumhöhe, Grundfläche) entsprechen. Sitzgelegenheiten mit Rückenlehne müssen vorhanden sein.	c) als separate Räume zu gestalten, wenn die Beurteilung der Arbeitsbedingungen und der Arbeitsstätte dies erfordern. (2) **Bereitschaftsräume** nach § 6 Abs. 3 Satz 3 und Pausenräume, die als Bereitschaftsräume genutzt werden, müssen dem Zweck entsprechend ausgestattet sein.

Bisherige ArbStättV 1975–2004	Neue ArbStättV 2004
§ 31 Liegeräume **Werdenden oder stillenden Müttern** ist es während der Pausen und, wenn es aus gesundheitlichen Gründen erforderlich ist, auch während der Arbeitszeit zu ermöglichen, sich in einem **geeigneten Raum** auf einer Liege auszuruhen. Satz 1 gilt entsprechend für andere Arbeitnehmerinnen, wenn sie mit Arbeiten beschäftigt sind, bei denen es der Arbeitsablauf nicht zulässt, sich zeitweise zu setzen.	**§ 6** Arbeitsräume, Sanitärräume, **Pausen- und Bereitschaftsräume,** Erste-Hilfe-Räume, Unterkünfte (3) … **Schwangere Frauen und stillende Mütter** müssen sich während der Pausen und, soweit es erforderlich ist, auch während der Arbeitszeit unter geeigneten Bedingungen **hinlegen und ausruhen** können.
§ 33 Räume für körperliche Ausgleichsübungen Werden Arbeitnehmer auf Grund ihrer Tätigkeit bei der Arbeit einseitig beansprucht, sollen Räume für körperliche Ausgleichsübungen zur Verfügung stehen, wenn die Übungen nicht in den Arbeitsräumen oder an geeigneter Stelle im Freien durchgeführt werden können.	*Ersatzlos gestrichen!*
§ 34 Umkleideräume, Kleiderablagen (1) Den Arbeitnehmern sind **Umkleideräume** zur Verfügung zu stellen, wenn die Arbeitnehmer bei ihrer Tätigkeit besondere Arbeitskleidung tragen müssen und es den Arbeitnehmern aus gesundheitlichen oder sittlichen Gründen nicht zuzumuten ist, sich in einem anderen Raum umzukleiden. Die Umkleideräume sollen für Frauen und Männer getrennt sein.	**§ 6** Arbeitsräume, **Sanitärräume,** Pausen- und Bereitschaftsräume, Erste-Hilfe-Räume, Unterkünfte (2)… [3]Geeignete **Umkleideräume** sind zur Verfügung zu stellen, wenn die Beschäftigten bei ihrer Tätigkeit besondere Arbeitskleidung tragen müssen und es ihnen nicht zuzumuten ist, sich in einem anderen Raum umzukleiden.

Bisherige ArbStättV 1975–2004	Neue ArbStättV 2004
(2) Bei Betrieben, in denen die Arbeitnehmer bei ihrer Tätigkeit starker Hitze ausgesetzt sind, müssen sich die Umkleideräume in der Nähe der Arbeitsplätze befinden. (3) Umkleideräume müssen eine **lichte Höhe** von **mind. 2,30 m** bei einer **Grundfläche bis einschl. 30 m²** und **mind. 2,50 m** bei einer **Grundfläche > 30 m²** haben. (4) In Umkleideräumen muss für die Arbeitnehmer, die den Raum gleichzeitig benutzen sollen, je nach Art der Kleiderablage so viel freie Bodenfläche vorhanden sein, dass sich die Arbeitnehmer unbehindert umkleiden können. Bei jeder Kleiderablage muss eine freie Bodenfläche, einschließlich der Verkehrsfläche, von mind. 0,50 m² zur Verfügung stehen. Die **Grundfläche** eines Umkleideraumes muss **mind. 6,00 m²** betragen. (5) Nach Absatz 1 erforderliche Umkleideräume müssen mit **Einrichtungen** ausgestattet sein, in denen jeder Arbeitnehmer seine Kleidung unzugänglich für andere während der Arbeitszeit aufbewahren kann. Den Arbeitnehmern muss es außerdem möglich sein, die Arbeitskleidung außerhalb der Arbeitszeit zu lüften oder zu trocknen und unzugänglich für andere aufzubewahren.	Umkleide-, Wasch- und Toilettenräume sind **für Männer und Frauen getrennt** einzurichten oder es ist eine getrennte Nutzung zu ermöglichen. Bei Arbeiten im Freien und auf Baustellen mit wenigen Beschäftigten sind Waschgelegenheiten und **abschließbare Toiletten** ausreichend. **Anhang 3.3 Ausstattung** Jedem Beschäftigten muss mindestens eine **Kleiderablage** zur Verfügung stehen, sofern Umkleideräume nach § 6 Abs. 2 Satz 3 **nicht vorhanden** sind: **Anhang 4.1 Sanitärräume** (3) Umkleideräume müssen a) leicht zugänglich und von ausreichender Größe und sichtgeschützt eingerichtet werden; entsprechend der Anzahl gleichzeitiger Benutzer muss genügend freie Bodenfläche für ungehindertes Umkleiden vorhanden sein,

Bisherige ArbStättV 1975–2004	Neue ArbStättV 2004
Wenn die Arbeitskleidung bei der Arbeit stark verschmutzt, hat der Arbeitgeber dafür zu sorgen, dass die Arbeitskleidung gereinigt werden kann. Zum Umkleiden müssen Sitzgelegenheiten vorhanden sein.	b) mit Sitzgelegenheiten sowie mit verschließbaren Einrichtungen ausgestattet sein, in denen jeder Beschäftigte seine Kleidung aufbewahren kann.
(6) Wenn Umkleideräume nach Abs. 1 **nicht erforderlich** sind, müssen für jeden Arbeitnehmer eine **Kleiderablage und** ein **abschließbares Fach** zur Aufbewahrung persönlicher Wertgegenstände vorhanden sein.	Kleiderschränke für Arbeitskleidung und Schutzkleidung sind von Kleiderschränken für persönliche Kleidung und Gegenstände zu trennen, wenn Umstände dies erfordern.
§ 35 Waschräume, Waschgelegenheiten	**§ 6** Arbeitsräume, **Sanitärräume,** Pausen- und Bereitschaftsräume, Erste-Hilfe-Räume, Unterkünfte
(1) Den Arbeitnehmern sind Waschräume zur Verfügung zu stellen, wenn es die Art der Tätigkeit oder gesundheitliche Gründe erfordern. Die Waschräume sollen für Frauen und Männer getrennt sein.	(2) Wenn es die Art der Tätigkeit oder gesundheitliche Gründe erfordern, sind **Waschräume** vorzusehen.
(2) Waschräume müssen eine **lichte Höhe** von **mind. 2,30 m** bei einer **Grundfläche** bis **einschl. 30 m²** und **mind. 2,50 m** bei einer **Grundfläche** von **mehr als 30 m²** haben.	(6) Für Sanitärräume, Pausen- und Bereitschaftsräume, Erste-Hilfe-Räume und Unterkünfte nach den Absätzen 2 bis 5 gilt Absatz 1 entsprechend.
(3) In Waschräumen muss vor jeder Waschgelegenheit soviel freie Bodenfläche zur Verfügung stehen, dass sich die Arbeitnehmer unbehindert waschen können. Die freie Bodenfläche vor einer Waschgelegenheit muss mindestens 0,70 m x 0,70 m betragen. Waschräume müssen eine **Grundfläche** von **mind. 4,00 m²** haben.	**Anhang 4.1 Sanitärräume** (2) Waschräume nach § 6 Abs. 2 Satz 2 sind a) in der Nähe des Arbeitsplatzes und sichtgeschützt einzurichten,

Bisherige ArbStättV 1975–2004	Neue ArbStättV 2004
(4) Waschräume müssen mit **Einrichtungen** ausgestattet sein, die es jedem Arbeitnehmer ermöglichen, sich den hygienischen Erfordernissen entsprechend zu reinigen. Es muss fließendes kaltes und warmes Wasser vorhanden sein. Die hygienisch erforderlichen Mittel zum Reinigen und Desinfizieren sowie zum Abtrocknen der Hände müssen zur Verfügung stehen.	b) so zu bemessen, dass die Beschäftigten sich den hygienischen Erfordernissen entsprechend und ungehindert reinigen können; dazu muss **fließendes warmes und kaltes Wasser**, Mittel zum **Reinigen** und ggf. zum **Desinfizieren** sowie zum **Abtrocknen der Hände** vorhanden sein,
(5) Wenn Waschräume nach Absatz 1 nicht erforderlich sind, müssen Waschgelegenheiten mit fließendem Wasser in der Nähe der Arbeitsplätze vorhanden sein. Die hygienisch erforderlichen Mittel zum Reinigen und Abtrocknen der Hände müssen zur Verfügung gestellt werden.	c) mit einer ausreichenden Anzahl geeigneter **Duschen** zur Verfügung zu stellen, wenn es die Art der Tätigkeit oder gesundheitliche Gründe erfordern.
	Sind Waschräume nach § 6 Abs. 2 Satz 2 **nicht erforderlich**, müssen in der Nähe des Arbeitsplatzes und der Umkleideräume ausreichende und angemessene Waschgelegenheiten mit fließendem Wasser (erforderlichenfalls mit warmem Wasser), Mitteln zum Reinigen und zum Abtrocknen der Hände zur Verfügung stehen.
§ 36 Verbindung von Wasch- und Umkleideräumen Wasch- und Umkleideräume müssen einen **unmittelbaren Zugang zueinander** haben, aber **räumlich voneinander getrennt** sein.	(4) **Wasch- und Umkleideräume**, die voneinander räumlich getrennt sind, müssen **untereinander leicht erreichbar** sein.

Bisherige ArbStättV 1975–2004	Neue ArbStättV 2004
§ 37 Toilettenräume (1) Den Arbeitnehmern sind in der Nähe der Arbeitsplätze besondere Räume mit einer ausreichenden Zahl von Toiletten und Handwaschbecken (Toilettenräume) zur Verfügung zu stellen. Wenn **mehr als fünf Arbeitnehmer verschiedenen Geschlechts** beschäftigt werden, sollen **für Frauen und Männer vollständig getrennte Toilettenräume** vorhanden sein. Werden **mehr als fünf Arbeitnehmer** beschäftigt, müssen die **Toilettenräume ausschließlich den Betriebsangehörigen zur Verfügung** stehen.	**§ 6** Arbeitsräume, **Sanitärräume,** Pausen- und Bereitschaftsräume, Erste-Hilfe-Räume, Unterkünfte (2) Der Arbeitgeber hat **Toilettenräume** bereit zu stellen. Umkleide-, Wasch- und Toilettenräume sind für Männer und Frauen getrennt einzurichten oder es ist eine getrennte Nutzung zu ermöglichen. Bei Arbeiten im Freien und auf Baustellen mit wenigen Beschäftigten sind Waschgelegenheiten und abschließbare Toiletten ausreichend. **Anhang 4.1 Sanitärräume** (1) **Toilettenräume** sind **mit verschließbaren Zugängen**, einer **ausreichenden Anzahl von Toilettenbecken und Handwaschgelegenheiten** zur Verfügung zu stellen. Sie müssen sich sowohl in der Nähe der Arbeitsplätze als auch in der Nähe von Pausen- und Bereitschaftsräumen, Wasch- und Umkleideräumen befinden.
(2) In unmittelbarer Nähe von Pausen-, Bereitschafts-, Umkleide- und Waschräumen müssen Toilettenräume vorhanden sein.	

Bisherige ArbStättV 1975–2004	Neue ArbStättV 2004
§ 38 Sanitätsräume (1) Es muss mindestens ein Sanitätsraum oder eine vergleichbare Einrichtung vorhanden sein, wenn • mehr als 1000 Arbeitnehmer beschäftigt sind oder • mit besonderen Unfallgefahren zu rechnen ist und mehr als 100 Arbeitnehmer beschäftigt sind. (2) Sanitätsräume und vergleichbare Einrichtungen sowie ihre Zugänge müssen als solche gekennzeichnet sein. Die Räume oder Einrichtungen müssen mit einer Krankentrage leicht zu erreichen sein. Sie müssen mit den für die erste Hilfe und die ärztliche Erstversorgung erforderlichen Einrichtungen und Mitteln ausgestattet sein; die Räume und Einrichtungen müssen dementsprechend bemessen sein. **§ 39 Mittel und Einrichtungen zur ersten Hilfe** (1) In den Arbeitsstätten müssen die zur ersten Hilfe erforderlichen Mittel vorhanden sein. Sie müssen im Bedarfsfall leicht zugänglich und gegen Verunreinigung, Nässe und hohe Temperaturen geschützt sein. Wenn es die Art des Betriebes erfordert, müssen Krankentragen vorhanden sein.	**§ 6** Arbeitsräume, Sanitärräume, Pausen- und Bereitschaftsräume, **Erste-Hilfe-Räume,** Unterkünfte (4) Erste-Hilfe-Räume oder vergleichbare Einrichtungen müssen entsprechend den Unfallgefahren oder der Anzahl der Beschäftigten, der Art der ausgeübten Tätigkeiten sowie der räumlichen Größe der Betriebe vorhanden sein. **Anhang 4.3** **Erste-Hilfe-Räume** (1) Erste-Hilfe-Räume nach § 6 Abs. 4 müssen an ihren Zugängen als solche gekennzeichnet und für Personen mit **Rettungstransportmitteln** leicht zugänglich sein. (2) Sie sind mit den erforderlichen Einrichtungen und **Materialien zur ersten Hilfe** auszustatten. An einer deutlich gekennzeichneten Stelle müssen **Anschrift und Telefonnummer der örtlichen Rettungsdienste** angegeben sein.

Bisherige ArbStättV 1975–2004	Neue ArbStättV 2004
(2) Bei Arbeitsstätten mit großer räumlicher Ausdehnung müssen sich Mittel zur Ersten Hilfe und, sofern es die Art des Betriebes erfordert, Krankentragen an mehreren gut erreichbaren Stellen befinden. (3) Die Aufbewahrungsstellen von Mitteln zur Ersten Hilfe und Krankentragen müssen als solche gekennzeichnet sein.	(3) **Erste-Hilfe-Ausstattung** ist darüber hinaus überall dort aufzubewahren, wo es die Arbeitsbedingungen erfordern. Sie muss leicht zugänglich und einsatzbereit sein. Die Aufbewahrungsstellen müssen als solche gekennzeichnet und gut erreichbar sein.
§ 45 Unterkünfte auf Baustellen (1) Auf jeder Baustelle hat der Arbeitgeber • **Unterkünfte für die Freizeit** auf der Baustelle oder in deren Nähe bereitzustellen, soweit sie ihre Wohnung nicht leicht erreichen können, • **Tagesunterkünfte** zu ihrem Schutz an ungefährdeter Stelle bereitzustellen. (2) Die **lichte Höhe** von Tagesunterkünften muss **mind. 2,30 m** betragen. In den Tagesunterkünften muss für jeden regelmäßig auf der Baustelle anwesenden Arbeitnehmer nach Abzug der Fläche für die vorgeschriebenen Einrichtungen eine freie Bodenfläche von mindestens 0,75 m² vorhanden sein. (3) Fußböden, Wände und Decken der Tagesunterkünfte müssen gegen Feuchtigkeit und Zugluft geschützt und wärmedämmend ausgeführt sein. Die Tagesunterkünfte müssen Fenster haben, die zu öffnen sind.	**§ 6** Arbeitsräume, Sanitärräume, Pausen- und Bereitschaftsräume, Erste-Hilfe-Räume, **Unterkünfte** (5) Für Beschäftigte **auf Baustellen** hat der Arbeitgeber Unterkünfte bereitzustellen, wenn Sicherheits- und Gesundheitsgründe, insbesondere wegen der Art der ausgeübten Tätigkeit oder der Anzahl der im Betrieb beschäftigten Personen und die Abgelegenheit der Baustelle dies erfordern und ein anderweitiger Ausgleich vom Arbeitgeber nicht geschaffen ist.

Bisherige ArbStättV 1975–2004	Neue ArbStättV 2004
(4) In der Zeit vom 15. Oktober bis 30. April müssen	**Anhang 4.4 Unterkünfte**
1. Tagesunterkünfte Heizeinrichtungen haben, die eine Raumtemperatur von + 21 °C ermöglichen und so installiert sind, dass die Arbeitnehmer gegen Vergiftungs-, Erstickungs-, Brand- und Explosionsgefahren geschützt sind und	(1) Unterkünfte müssen entsprechend ihrer Belegungszahl ausgestattet sein mit: a) Wohn- und Schlafbereich (Betten, Schränken, Tischen, Stühlen), b) Essbereich,
2. die unmittelbar ins Freie führenden Ausgänge von Tagesunterkünften als Windfang ausgebildet sein.	c) Sanitäreinrichtungen. (2) Bei Anwesenheit von männlichen und weiblichen Beschäftigten ist dies bei der Zuteilung der Räume zu berücksichtigen.
(5) Tagesunterkünfte müssen mit Tischen, die sich leicht reinigen lassen, Sitzgelegenheiten mit Rückenlehne, Kleiderhaken oder Kleiderschränken und mit Abfallbehältern ausgestattet sein. Tagesunterkünfte müssen künstlich zu beleuchten sein. Trinkwasser oder ein anderes alkoholfreies Getränk muss den Arbeitnehmern zur Verfügung gestellt werden.	
(6) Statt der Tagesunterkünfte können auch Baustellenwagen oder Räume in vorhandenen Gebäuden verwendet werden, wenn sie und ihre Einrichtungen den Anforderungen der Absätze 1 bis 5 entsprechen. Für Baustellenwagen, die als Tagesunterkünfte dienen, ist eine lichte Höhe von mindestens 2,30 m im Scheitel ausreichend; dies gilt auch für absetzbare Baustellenwagen mit abnehmbaren Rädern.	

3. Vergleich EG-ArbStätt-RL und ArbStättV

EG-Arbeitsstättenrichtlinie 89/654/EWG				Arbeitsstättenverordnung	
Anhang I: neue Arbeitsstätten (Nr. und Titel)		Anhang II: 12.96 bestehende (Nr. und Titel)		§§ der alten ArbStättV	§§ der neuen ArbStättV + Anhang-Nrn.
1.	Vorbemerkung	1.	=		
2.	Stabilität und Festigkeit	2.	=	(BayBauOrdnung)	1.1
3.	Elektrische Anlagen	3.	=	(VBG 4)	1.4
4.	Fluchtwege und Notausgänge	4.	=	19 Rettungswege	2.3
4.1	möglichst kurz, ins Freie	4.1	=	19	2.3 (1)
4.2	Arbeitsplätze müssen schnell zu verlassen sein	4.2	=	19 + von außen schnell zu retten	2.3 (1) + 3.2
4.3	Anzahl, Anordnung, Abmessung	4.3	ausreich. Anzahl	19	2.3 (1a)
4.4	Türe nach außen öffnen leicht zu öffnen keine Schiebe- und Drehtüren	4.4	= = =	(VBG 1 § 30 Abs. 4)	2.3 (2) Karusselltüren verboten
4.5	Kennzeichnung	4.5	=	19 + (VBG 125)	2.3 (1c)
4.6	kein Zusperren durch Schlüssel	4.6	=	–	2.3 (2)
4.7	ggf. Sicherheitsbeleuchtung	4.7	=	7 Abs. 4	2.3 (1) + 3.4 (3)
5.	Brandmeldung und Brandbekämpfung	5.	=	13 Entstehungsbrände	2.2 Entstehungsbrände
5.1	Feuerlöscheinrichtung vorhanden	5.1	=	13 Abs. 1	2.2 (1)
5.2	Kennzeichnung	5.2	=	13 Abs. 2	2.2 (2)
–	selbsttätige Löscheinrichtungen	–	–	13 Abs. 3	2.2 (3)

A. Einführung in die neue ArbStättV

EG-Arbeitsstättenrichtlinie 89/654/EWG				Arbeitsstättenverordnung	
Anhang I: **neue Arbeitsstätten** (Nr. und Titel)		**Anhang II:** **12.96 bestehende** (Nr. und Titel)		**§§** **der alten** **ArbStättV**	**§§ der neuen** **ArbStättV** + Anhang-Nrn.
6.	**Lüftung**	6.	=	5	3.6
6.1	ausreichend gesundheitlich zuträgliche Atemluft	6.1	=	5	3.6 (1)
7.	**Raumtemperatur**	7.	=	6	3.5
7.1	angemessen/gesundh. zuträglich	7.1	=	6	3.5 (1)
7.2	nutzungsspezifisch	7.2	=	6	3.5 (1)
–	–	7.3	Abschirmung gegen zuviel Sonne	9 Abs. 2	3.5 (2)
8.	**Beleuchtung**	8.	=	7 (Sichtverbindung)	3.4 (Tageslicht)
8.1	Tageslicht und künstl. Beleuchtung	–	–	7 Abs. 1 Nr. 3	3.4 (1)
8.2	sichere Anbringung	–	–		3.4 (2)
8.3	Sicherheitsbeleuchtung	8.2	=	7 Abs. 4	3.4 (3)
9.	**Fußboden, Wände, Decken, Dächer**	–	–	8 + 45 (3)	1.5
9.1	eben, trittsicher, rutschfest	–	–	8 Abs. 1	1.5 (2)
9.1	an Arbeitsplätzen wärmeisoliert	–	–	8 Abs. 1	1.5 (1)
9.2	Reinigung	–	–	8 Abs. 1	1.5 (1)
9.3	Ganzglaswände	–	–	8 Abs. 4	1.5 (3)
9.4	nicht durchtrittsichere Dächer	–	–	8 Abs. 5	1.5 (4)
10	**Fenster und Oberlichter**	–	–	9	1.6
10.1	Öffnen und Feststellen	–	–	9 Abs. 1	1.6 (1)
10.2	sicher zu reinigen	–	–	–	1.6 (2)

EG-Arbeitsstättenrichtlinie 89/654/EWG			Arbeitsstättenverordnung	
Anhang I: **neue Arbeitsstätten** (Nr. und Titel)		**Anhang II:** **12.96 bestehende** (Nr. und Titel)	**§§** **der alten** **ArbStättV**	**§§ der neuen** **ArbStättV** + Anhang-Nrn.
11.	**Türen und Tore**	**9.** =	**10**	**1.7**
11.1	Lage, Anzahl und Abmessungen	– –	10 Abs. 1	1.7 (1)
11.2	durchsichtige Türen in Augenhöhe kennzeichnen	9.1 =	–	1.7 (2)
11.3	Schwingtüren und -tore durchsichtig oder Sichtfenster	9.2 =	10 Abs. 4 (Pendeltüren)	1.7 (3) (Pendeltüren)
11.4	Schutz gegen Eindrücken	– –	10 Abs. 5	1.7 (4)
11.5	Schiebetürensicherung	– –	10 Abs. 6	1.7 (5)
11.6	nach oben öffnende Türen und Tore	– –	10 Abs. 6	1.7 (5)
11.7	Kennzeichnung von Fluchttüren	– –	10 Abs. 7	2.3 (2 b)
	während Arbeitszeit von innen ohne Hilfsmittel zu öffnen	– –	10 Abs. 7	2.3 (2 a)
11.8	Fußgänger / Fahrzeugverkehr	– –	10 Abs. 3	1.7 (6)
11.9	kraftbetätigte Türen und Tore Notabschaltung, Stromausfall	– –	**11**	1.7 (7)
12.	**Verkehrswege –** **Gefahrenbereiche**	**16.,** **10.**	**sichere Verkehrswege, Gefahrbereiche**	**17 Verkehrswege**	**1.8**
12.1	leicht und sicher zu begehen	– –	17 Abs. 1	1.8 (1)
12.1	leicht und sicher zu befahren	– –	17 Abs. 1	1.8 (1)
12.2	Bemessung	– –	17 Abs. 1 + 2	1.8 (2)
	ausreichend. Sicherheitsabstand	– –	17 Abs. 2 (> 0,5 m)	1.8 (3)

EG-Arbeitsstättenrichtlinie 89/654/EWG				Arbeitsstättenverordnung	
Anhang I: **neue Arbeitsstätten** (Nr. und Titel)		**Anhang II:** **12.96 bestehende** (Nr. und Titel)		**§§** **der alten** **ArbStättV**	**§§ der neuen** **ArbStättV** + Anhang-Nrn.
12.3	Abstand zu Türen	–	–	17 Abs. 3 (> 1 m)	1.8 (4)
12.4	Begrenzungen kenn- zeichnen	–	–	17 Abs. 4 (> 1000 m²)	1.8 (5)
12.5	Absturzgefahren	10.	=	12	2.1
13.	**Rolltreppen,** **Rollsteige**	–	–	18 (Fahrtrep- pen...)	1.9
14.	**Laderampen**	–	–	21	1.10
15.	**Raumabmessungen**	–	–	23	1.2
15.1	Luftraum, Bewe- gungsfläche	–	–	24	3.1
16.	**Pausenräume**	**11.**	**Pausen-** **räume,** **Pausen-** **bereiche**	29	4.2
16.1	zur Verfügung zu stellen	11.1	=	29 Abs. 1	4.2 (1)
16.2	Bemessung nach Zahl der Arbeitnehmer	11.2	Tische und Sitze	29 Abs. 4	4.2 (1)
16.3	Nichtraucherschutz	11.3	=	**3a** *(früher: 32)*	(§ 5)
16.4	Bereitschaftsräume	–	–	**30**	4.2 (2)
17.	**schwangere Frauen** **und stillende Müt-** **ter:** Liegemöglichkeit	**12.**	=	**31** **(Liegeraum!)**	4.3 (hinlegen, ausruhen)
18.	**Sanitärräume**	**13.**	=	**34–37**	4.1
18.1	Umkleideräume, Klei- derschränke	13.1	(fehlt Sitzge- legenheit)	**34**	4.1 (3)
18.1	Nr. 4: Ggf. Kleiderab- lage	–	–	34 Abs. 6 (+Fach)	3.3

EG-Arbeitsstättenrichtlinie 89/654/EWG		Arbeitsstättenverordnung	
Anhang I: **neue Arbeitsstätten** (Nr. und Titel)	**Anhang II:** **12.96 bestehende** (Nr. und Titel)	**§§** **der alten** **ArbStättV**	**§§ der neuen** **ArbStättV** + Anhang-Nrn.
18.2 Duschen, Waschgelegenheiten, fließend Kalt- und Warmwasser, Reinigungs- und Trockenmittel	13.2 in der Nähe fließend Wasser, ggfls. warm	**35 Waschräume**	4.1 (2)
19. Räume für die Erste Hilfe	**14. Mittel für 1. Hilfe**	**38, 39**	4.3
20. Behinderte Arbeitnehmer	**15.** =	–	**§ 3 (2)**
21. Arbeitsstätten im Freien	**17.** =(nicht: Beleuchtung)	**41–42**	5.1
– *Ausstattung mit Sitzgelegenheit*	– –	25	–
– *Baustellen (EG-Baustellen-RL)*	– –	**43–49**	5.2
– *erhöhte Unfallgefahr*	– –	27	–
– *Lärmschutz*	– –	15	3.7
– *Steigleitern, Steigeisengänge*	– –	20	1.11
– *Räume für körperliche Ausgleichsübungen*	– –	33	–
– *Unterkünfte*	– –	**40 a und 45**	4.4

4. Vergleichstabelle in Stichworten

Hinweis:
In eckigen Klammern und kursiv bedeutet: nicht unmittelbar genannt

Stichworte	ArbStättV „1975"	ArbStättV „2004"	Bemerkung
Abbrucharbeiten	–	Anh. 5.2 (4)	Baustelle
Abfallbehälter	§§ 25 (2)+ 29 (4)		
Abgelegenheit einer Baustelle	–	§ 6 (5)	Baustelle
Ablagerungen	§ 54	§ 4 (2) + Anh. 3.6 (4)	
Abmessungen von Räumen	§ 23	Anh. 1.2 (2)	
Absaugeeinrichtungen	§§ 14 + 53 (2)		
Abscheideanlagen	*[§§ 14]*		
Abschirmung nicht bruchsicherer Wände	§ 8 (4)	Anh. 1.5 (3)	
Abschirmung gegen Zugluft	§ 16 (4)		
Abschrankung an hochgelegenen Verkehrswegen	§ 17		
Abschrankung als Absturzschutz	§ 12 (2)		
Absturz	§ 12 (1+2)	Anh. 2.1 + 1.10 + 1.11	
Absturzgefahr (Def.)	§ 12	Anh. 2.1	
Absturzgefahr an Laderampen (> 1m)	§ 21 (3)	Anh. 1.10 (3)	Wert entfällt
Absturzhöhe	–		
Absturzsicherung bei Laderampen	–	Anh. 5.2 (4e)	Baustelle
Abtrocknen der Hände	§ 35 (4+5)	Anh. 4.1 (2c)	

Stichworte	ArbStättV „1975"	ArbStättV „2004"	Bemerkung
Abweichen von Regeln	§ 4 (2)	Anh. 1.2 (2)	
Alarmanlagen	–	Anh. 2.2 (1) + 5.2 (1 g)	Baustelle
alkoholfreies Getränk	§ 29 (4)	Anh. 5.2 (1c)	Baustelle
allgemein anerkannte Regeln der Sicherheitstechnik	§ 3 (1 Nr. 1)	–	
allgemeine Grundsätze des Arbeitsschutzes (gem. § 4 ArbSchG)	–	§ 7 (3)	Für den Ausschuss!
Allgemeinbeleuchtung	§ 7 (3) > 15 Lux	Anh. 3.4 (3)	Wert entfällt
andere ebenso wirksame Maßnahme	§ 4 (1 Nr. 1) + (2)	§ 3 (3 Nr. 2)	für Ausnahme
Anzahl der Beschäftigten	–	§ 6 (5) Baustellenunterkünfte	
Anzahl der Beschäftigten	–	Anh. 1.2 (3) Atemluft	
Arbeitgeber	§ 3 (1)	§ 3 (1 + 2) u. a.	
Arbeitnehmer	§ 2 (4)	– > Beschäftigte	
Arbeitsbereiche	§ 6		
Arbeitsbereitschaftszeit	§ 30	§ 6 (3)	
Arbeitshygiene	[§ 3 (1 Nr. 1)]		
Arbeitskleidung	§ 34	§ 6 (2) + Anh. 5.2 (1f)	Baustelle
Arbeitskleidung (Reinigung)	§ 34 (5)		
Arbeitskleidung (Trocknen)	§§ 34 (5) + 46 (1)	Anh. 5.2f	Baustelle
Arbeitsmedizin	§ 3 (1 Nr. 1)		
Arbeitsplätze (Def.)	§ 2 (1 Nr. 2)	§ 2 (2)	
Arbeitsplätze mit Absturzgefahr	§ 12		

Stichworte	ArbStättV „1975"	ArbStättV „2004"	Bemerkung
Arbeitsplätze im Freien	§ 41	[§ 2 (1 + 2)] + Anh. 5.1	auch Baustelle
Arbeitsräume	§ 2 (1 Nr. 1)	§ 2 (3) + § 6	Def.
Arbeitsräume unter Erdgleiche	§ 7 (1 Nr. 2)		
Arbeitsschutzgesetz (Geltung)	§ 1 (1)	[Rechtsgrundlage]	
Arbeitsstätten (Def.)	§§ 1 + 2 (1–3)	§ 2 (1) + § 2 (4)	
Arbeitsstätten auf Baustellen	§ 44	Anh. 5.1	Baustelle
Arbeitsstätten im Freien	§§ 41–42	§ 2 (1 Nr.1+2) + Anh. 5.1	auch Baustelle
Arbeitsstätten-Richtlinien (ASR)	§ 3 (2)	§ 8 (2)	max. bis 2010
arbeitswissenschaftliche Erkenntnisse	§ 3 (1 Nr. 1)	–	
Atemluft (gesundheitlich zuträglich)	§ 5	Anh. 3.6 (1)	
Atemluft auf Baustellen	[§ 44 (3 Nr. 3)]	Anh. 5.2 (1e)	Baustelle
Atemluft in Arbeitsräumen	§ 5	Anh. 3.6 (1)	
Aufsichtsbehörde (Anordnungsbefugnis)	§ 3 (3)		
Aufsichtsbehörde (Ausnahmen)	§ 4 (1)		
Aufsichtsperson (befähigt)	–	Anh. 5.2 (4)	Baustelle
Aufladungen (elektrostatische)	§ 16		
Augenhöhe (Sichtverbindung)	[ASR 7/ 1, Nr. 1]	1.7 (2) (durchsichtige Türen)	
Ausgleichsübungen (körperliche)	§§ 2 (2, Nr. 2) + 33		

Stichworte	ArbStättV „1975"	ArbStättV „2004"	Bemerkung
Ausbildungsstätten	§ 2 (1)	§ 7	
Ausnahmen durch Gewerbeaufsicht	§ 4 (1)	§ 3 (3)	
Ausnahmen von ArbStättV	§ 4	§ 3 (3) einschl. Anhang	
ausruhen können (Schwangere,..)	§ 31	§ 6 (3)	
Ausschachtungen	–	Anh. 5.2 (4b)	Baustelle
Ausschuss für Arbeitsstätten	–	§ 7	paritätisch besetzt
Außenluftmenge, -rate, -strom	§ 5		
Außentemperatur an ortsfesten Arbeitsplätzen im Freien	§ 42 (3)		
Außentemperatur an Verkaufsständen im Freien	§ 50 (1)		
Außer-Kraft-Treten	§ 58 (2)	Art. 4 ArtV ArbStättV	
Ausstattung mit Sitzgelegenheiten	§§ 25 + 29 (4)	–	[ex: Anh. 3.3]
Ausstellungszelte (Behelfsbauten)	§ 40	–	[ex: Anh. 3.3]
Baracken	§ 40 (1)	–	entfällt
barrierefreie Gestaltung	–	§ 3 (2)	
Bauordnungsrecht (Länder; Abgrenzung)	§ 3 (1)	§ 3 (4)	
Baugerüste	§ 44 (1)		
Baustelle (Def.)	§ 2		– > BaustellV
Baustellen	§§ 43–50	Anh. 5.2	Baustelle

Stichworte	ArbStättV „1975"	ArbStättV „2004"	Bemerkung
Baustellenwagen als Tagesunterkunft	§ 45 (6)	–	
Beanspruchung, körperliche		Anh. 1.2 (3)	
Bedienungsplätze auf Baumaschinen	§ 45	–	
Bedürfnisstände in Baustellentoiletten	§ 48	–	
befähigte Person als Aufsicht bei der Planung und Durchführung	–	Anh. 5.2 (4)	spezielle Bauarbeiten
Beheizung der Arbeitsräume	§ 6	[Anh. 3.5 (1)]	
Beheizung im Freien	§ 42 (2)	–	
Beheizung von Baustellentoiletten	§ 48 (2)	[Anh. 3.5 (1)]	
Beheizung von Waschräumen auf Baustellen	§ 47 (5)	[Anh. 3.5 (1)]	
Behelfsbauten	§ 40 (1)	—	
Behinderungen / barrierefrei	–	§ 3 (2)	
Behinderte = Menschen mit Behinderungen	–	§ 3 (2)	
Belange kleinerer Betriebe	–	§ 3 (3)	
Belastungsangabe (Fußböden)	§ 8 (2)		
Belegungszahl in Unterkünften		Anh. 4.4 (1)	
Beleuchtung	§ 7	Anh. 3.4	
Beleuchtung auf Baustellen	§ 44 (1)		
Beleuchtung im Freien	§ 41 (3)		
Beleuchtung mit Kunstlicht	§ 7 (3)	Anh. 3.4 (1)	

Stichworte	ArbStättV „1975"	ArbStättV „2004"	Bemerkung
Beleuchtung mit Tageslicht	§ 7 (1)	Anh. 3.4 (1)	
Bereitschafts(zeit)raum	§§ 2 (2 Nr. 3) + 30	§ 6 (3 + 6) und Anh. 4.2	
Bereitschaftsraum freihalten	§ 52	§§ 2 (4 Nr. 4)	
Bergbau (Geltung der ArbstättV)	§ 1	§ 1 (1)	gilt dort nicht!
berühren spannungsführender Teile	–	1.4	
Beschäftigte	§ 2 (4)	§§ 1 (1) + 2 et alii	
Bestehende Arbeitsstätten	§ 56		
Betten in Unterkünften		Anh. 4.4 (1a)	
Betreiben von Arbeitsstätten	§ 3	§§ 1 (1) + 2 (6) + 3	Def. § 2 (6)
Betriebseinrichtungen	§ 56		Def.
Betriebsgelände	§ 3		Def.
Betriebsgelände im Freien	§ 41 (1)		Def.
Betriebshygiene	§ 3		Def.
Betriebskantine als Pausenraum	§ 29		
Betriebsrat (Beteiligung)	§§ 4 + 56		
Betriebsräume	§ 2		
Betriebsstätten	§ 2 Nr. 1		
Betriebsstörung	§ 14		
Beurteilungspegel (Lärm)	§ 15		
Bewegungsfläche	§ 24	Anh. 3.1	Wert entfällt
Bewegungsfläche im Freien	§ 41	–	entfällt
Binnengewässer	§§ 2 + 51		
Binnenschiffe (ausgenommen)	§§ 1 (2), 2 + 51		

Stichworte	ArbStättV „1975"	ArbStättV „2004"	Bemerkung
Blendung	§ 7		
Bodenbeläge	§ 17		
Bodenfläche in Umkleide-räumen	§ 34 (4)		
Bodenfläche in Waschräu-men	§ 35 (3)		
Bodenfläche in Baustellen-Waschräumen	§ 47 (3)		
Bodenluken als Notausgang	§ 10		
Bodenöffnungen (Absturzgefahr)	§ 12 (2)		
Brandabschlusstüren	§ 10		
Brandabschnitt (angrenzend, sicher)	§ 19		
Brandgefahr	§ 45 (4 Nr. 1)		
Brandgefahr auf Baustellen	§ 44		
Brandgefahr im Freien	§ 41		
Brandmeldeanlagen	–	Anh. 5.2 (1g)	Baustelle
Brand- und Explosions-gefahr	–	Anh. 1.4	
Brandschutz (-plan)	§§ 13 + 55		
Brüstungen (Absturzschutz)	§ 12		
Brunnenbauarbeiten	–	Anh. 5.2 (4b)	Baustelle
Büroarbeitsplätze (Zugluft)	§ 16		
Büroräume	–	§ 6 (3)	
Büroräume (Beleuchtung)	§ 7		
Büroräume (Lärm)	§ 15		
Büroräume (Höhe)	§ 23 (3)		
Container (Behelfsbauten)	§ 40	–	

Stichworte	ArbStättV „1975"	ArbStättV „2004"	Bemerkung
Dächer (nicht durchtritts-sicher)	§ 8 (5)	Anh. 1.5 (4)	
Dächer, Decken	§ 8 (2, 3 + 5)	Anh. 1.5 (1 + 4)	
Dämpfe	§ 14	–	[ex: Anh. 3.9]
Deckenluken (Notausgang)	§ 10		
desinfizieren der Hände	§ 35 (4)	Anh. 4.1 (2b)	
Drehflügeltüren in Rettungswegen	§ 10		
Drehtüren in Fluchtwegen	§ 7	Anh. 1.7 (5) und 2.3 (2)	
Drehtüren als Schutz gegen Zugluft	§ 16		
Durchfahrten und -gänge	§ 2		
durchsichtige Türen	§ 10 (4 + 5)	1.7 (2) Kenn-zeichnung	
duschen in Waschräumen	§ 35	Anh. 4.1 (2c)	
Eindringen von Wasser	–	Anh. 5.2 (4d)	
ebenso wirksame Maßnahme	§ 4 (1 Nr. 1) + (2)	§ 3 (3 Nr. 2)	für Ausnahme
elektrostatische Aufladungen	§ 16 (2)	–	
Einzelarbeitsplatz	§ 29	Anh. 5.2 (4c)	Baustelle
Energieverteilanlagen	–	Anh. 1.4	
Entstehungsbrände	§§ 13 + 55	Anh. 2.2	
Entstehungsbrände im Freien	§ 41 (1)		
einrichten von Arbeitsstätten	§ 3 (1 Nr. 1)	§§ 1 (1) + 2 (5) + 3	Def. § 2 (5)
Einzelarbeitsplätze	§ 27	–	

Stichworte	ArbStättV „1975"	ArbStättV „2004"	Bemerkung
Einzelarbeitsplätze (Sauerstoffmangel)	§ 27	Anh. 5.2 (4c)	Baustelle
Erdarbeiten	–	Anh. 5.2 (4b)	Baustelle
Erdbaumaschinen	–	Anh. 5.2 (2)	Baustelle
erhöhte Unfallgefahr (Einzelarbeit)	§ 27		
Ersatzbeleuchtung	§ 7	§ 4 (5)+ Anh. 4.3 (2 + 3)	
Ersatzmaßnahmen bei Ausnahmen	§ 47	§ 4 (5)+ Anh. 4.3 (2 + 3)	
Erste-Hilfe-Mittel, -Material	§§ 39 + 53 (3)	§ 4 (5)+ Anh. 4.3 (2 + 3)	
Erste-Hilfe-Räume	§ 38	§§ 2 (4 Nr.5) + 6 (4 + 6) + Anh. 4.3 (2) + 3.5.1	
Erweiterung der Arbeits-stätte	§ 56 (2)	§ 8 (1)	
Essbereich in Unterkünften	–	Anh. 4.4 (1b)	
Fachkunde	–		
Fahrstraßen	–		
Fahrtreppen und Fahrsteige	§ 18	Anh. 1.9	
Fahrtreppen und Fahrsteige im Freien	§ 41 (2)		
Fangnetze (Absturzschutz)	§ 12		
Farbwiedergabe (Beleuch-tung)	§ 7		
Felder (in Land- und Forst-wirtschaft)	§ 2 (1 Nr. 2)	§ 1 (2 Nr. 3)	gilt jetzt nur § 5: Schutz v. Rauch
Fenster	§ 9 (1+ 2)	Anh. 1.6	

Stichworte	ArbStättV „1975"	ArbStättV „2004"	Bemerkung
Fenster als Fluchtöffnung	§ 10		
Festigkeit von Gebäuden	– [Baurecht]	Anh. 1.1	
Feuerlöscheinrichtungen	§§ 13 + 53 (2)	§ 2 (5 Nr. 2) + § 4 (3) und Anh. 2.2	
Feuerlöscheinrichtungen auf Baustellen	§ 44 (3 Nr. 4)		
Feuerlöscheinrichtungen im Freien	§ 41 (1)		
Feuerlöscher	–	–	
Fliegende Bauten	§ 43		
Flucht- und Rettungsplan	§§ 19, 55	§ 4 (4)	
Fluchtübungen	§ 55		
Fluchtwege	–	§§ 2 (4 Nr. 1) + 4 (4) + Anh. 1.8 (6) + 2.3	
Flure als Rettungswege	§ 19	§ 4 (4) + Anh. 2.3	
Freihalten von Sozialräumen	§ 52	§ 4 (4) + Anh. 2.3	
Freileitungen, elektrische	–	Anh. 5.2 (5)	Baustelle
Funktionsfähigkeit	§ 53 (2)	§ 4 (3)	
Fußböden	§ 8	Anh. 1.5 (1+ 2)	
Fußböden in Tagesunterkünften	§ 45 (3)		
Fußgänger (Tore)	§ 10 (2)		
Fußgänger (Türen)	§ 10 (3)		
Fußleisten (Absturzschutz)	§ 12		
Ganzglaswände	§ 8 (4)	Anh. 1.5 (3)	
Ganz-Körper-Schwingungen	§ 16	– [ex: Anh. 3.9]	[im E.; entfallen]
Gase, Dämpfe, Nebel, Stäube	§ 14	– [ex: Anh. 3.8]	[im E.; entfallen]

Stichworte	ArbStättV „1975"	ArbStättV „2004"	Bemerkung
Gase, Dämpfe, Stäube	§ 14	Anh. 4.4	
Gaststätten	§ 7	–	
Gaststätten (Rettungswege)	§ 19	–	
Gebäude	– [Baurecht]	Anh. 1.1	
Gefahr	§ 56		
Gefährdungsbeurteilung	–	Anh. 1.3 (1)	[ex: § 6 im E., entfallen]
Gefahrenbereich	§ 12 (1)	Anh. 2.1	
Gefahrenbereiche auf Baustellen	§ 44 (1)		
Gefahrenstellen	–	§ 2 (5 Nr. 3)	
Gefahrfall (Übungen)	§ 55	[Anh. 5.2]	Baustelle
Gefahrstoffe (absaugen)	§ 16		
gefährliche Arbeiten	§ 27		
Gehörschutzmittel	§ 15		
Geländer (Absturzschutz)	§§ 12 + 17		
Geltungsbereich der ArbstättV	§ 1 (1)		
Geltungsbereichs-Ausschluss	§ 1 (2)		
Gemeinschaftsunterkünfte	§ 40a		
Generalklausel	§ 3		
Gerüche	§ 16	–	entfallen
Gerüste	§ 44 (1)	–	entfallen
Geschäftspassagen (Verkaufsstände)	§ 50	–	entfallen
Geschlechtertrennung in Unterkünften	–	Anh. 4.4 (2)	
Gesundheit	–	Anh. 3.4 (2)	

Stichworte	ArbStättV „1975"	ArbStättV „2004"	Bemerkung
Gesundheitsgefährdung, unmittelbare	–	Anh. 3.6 (4)	
Getränk (alkoholfrei)	§ 29 (4)		
Getränk (kühlen + erwärmen auf Baustellen)	§ 46 (1)		
Glasbausteine als Sichtverbindung	§ 7	Anh. 1.5 (3)	
Glasdächer und -wände	§ 8 (4)	Anh. 1.5 (3)	
Glastüren	§ 10	Anh. 1.5 (3)	
gleiche Sicherheit	–	§ 3 (1)	
Gleisanlagen neben Laderampen	§ 21		
Grundfläche (Arbeitsräume)	§ 23 (1)	§ 6 (1) + Anh. 1.2 (1)	„ausreichend"
Grundfläche (Pausenräume)	§ 29 (2)	Anh. 1.2 (1)	„ausreichend"
Grundfläche (Umkleideräume)	§ 34 (4)	Anh. 1.2 (1)	„ausreichend"
Grundfläche (Waschräume)	§ 35 (3)	Anh. 1.2 (1)	„ausreichend"
Hände abtrocknen	§ 35 (4)	Anh. 4.1 (2b)	
Hände desinfizieren	§ 35 (4)	Anh. 4.1 (2b)	
Handwaschbecken in Toilettenräumen	§ 37 (1)		
Heiz(ungs)einrichtungen	§ 6 (2)	§ 2 (5 Nr. 2)	
Heizeinrichtungen an Verkaufsständen im Freien	§ 50		
Heizeinrichtungen in Tagesunterkünften	§ 45		
herabfallende Gegenstände	§§ 12 (3) + 33	Anh. 2.1	
herabfallende Gegenstände (Baustellen)	§ 44 (1)	Anh. 2.1	

Stichworte	ArbStättV „1975"	ArbStättV „2004"	Bemerkung
herabfallende Gegenstände im Freien	§ 41	Anh. 2.1	
Hilfeleistung, sofortige (Baustellen)	–	Anh. 5.2 (4c)	Baustelle
hinlegen können (Schwangere,..)	–	§ 6 (3)	
Hitzearbeit	§ 6		
Hitzeeinwirkung	§ 6 (4)		
Hitzeschutz	§ 6 (5)		
Hitzeschutzeinrichtung	§ 16		
Hitzeschutzkleidung	§ 6		
Hochregalanlagen	§ 17		
Höhe, lichte von Arbeits- räumen	§ 23	Anh. 1.2 (1)	Werte entfal- len
Höhe, lichte von Baustellen- wagen	§ 45 (6)		entfallen
Höhe, lichte von Pausen- räumen	§ 29 (2)		entfallen
Höhe, lichte von Tages- unterkünften	§ 45 (2)		entfallen
Höhe, lichte von Umkleide- räumen	§ 34 (3)		entfallen
Höhe, lichte von Wasch- räumen	§ 35 (2)		entfallen
Höhe, lichte von Wasch- räumen auf Baustellen	§ 47 (2)		entfallen
Hubtore und -türen (kein Herabfallen)	§ 10		entfallen
Hygiene, allgemein anerkannte Regeln	§ 3 (1 Nr. 1)	§ 4 (2)	

Stichworte	ArbStättV „1975"	ArbStättV „2004"	Bemerkung
hygienische Erfordernisse	§ 35 (4)	§ 4 (2) + Anh. 4.1 (2b)	
In-Kraft-Treten der ArbStättV	§ 58	Art. 4 ArtV ArbStättV	
Instandhalten der Arbeitsstätte	§ 53		
Kabel (Erdarbeiten)	–	Anh. 5.2 (4b)	Baustelle
Kantine als Pausenraum	§ 29		
Kantinenraum (Temperatur)	–	Anh. 3.5.1	
Kapselung einer Lärmquelle	§ 15		
Karusselltüren in Fluchtwegen	–	Anh. 2.3 (2)	verboten!
Kassenarbeitsplätze (Zugluftschutz)	§ 16		
Kellerräume als Ladengeschäfte	§ 50		
Kennzeichnen von Gefahrenstellen	–	§ 2 (5 Nr. 3)	
Kennzeichnung Erste-Hilfe-Mittel	§ 39 (3)		
Kennzeichnung von Feuerlöscheinrichtungen	§ 13 (2)		
Kennzeichnung Fluchtwege	–	Anh. 2.2 (2)	
Kennzeichnung Rettungswege	§ 17 (4) + 19	Anh. 1.3 + 2.3 (1c)	
Kennzeichnung Verkehrswege	§ 19	Anh. 1.3 + 1.8 (5) + 2.1	
Kioske	§ 26	Anh. 1.3	
Klappsitze	§ 25	Anh. 3.3	
Kleiderablage (kein Umkleideraum)	§ 34 (4)	Anh. 4.1 (3b)	

Stichworte	ArbStättV „1975"	ArbStättV „2004"	Bemerkung
Kleiderablage auf Klein-baustellen	§ 45 (7)	Anh. 5.2 (1d)	Baustelle
Kleiderablage bei Verkaufs-ständen im Freien	§ 50		
Kleiderhaken (Pausenraum)	§§ 29 (4) + 34 (4)	Anh. 3.3	
Kleiderschrank auf Baustellen	§§ 45 (5) +46 (1)	Anh. 5.2 (1d)	Baustelle
Kleidertrocknung auf Baustellen	§ 46 (1 + 2)	Anh. 5.2 (1d)	Baustelle
Kleiderwascheinrichtung	§ 34	Anh. 5.2 (1d)	Baustelle
Kleinbaustellen	§ 45		
kleinere Betriebe	–	§ 3 (3)	
Klimaanlage	§ 5	Anh. 3.6 (3)	
Konstruktion	–	Anh. 1.1	
Kontaktfenster	§ 7		
körperliche Ausgleichs-übungen (Raum)	§ 33	–	entfallen
kraftbetätigte Tore im Freien	§ 41 (2)		
kraftbetätigte Türen und Tore	§ 11	Anh. 1.7 (7)	
Krankentragen	§ 39 (2)		
Krankentragen auf Baustellen	§ 49 (2)		
Kühlen von Speisen und Getränken	§ 29 (4)		
Kühlen von Speisen und Getränken auf Baustellen	§ 46 (1 Nr. 1)		
Kühlung von Arbeits-bereichen	§ 6		
Ladengeschäft	§ 50		

Stichworte	ArbStättV „1975"	ArbStättV „2004"	Bemerkung
Ladengeschäft beim Verkauf im Freien	§ 2 (1 Nr. 4)		
Laderampen	§ 21	Anh. 1.10 + 5.2 (4e)	auch Baustelle
Lagerräume	§ 2 (2 Nr. 2)	§ 2 (4 Nr. 2)	
Lärm (bisher. < 55 / 70 / 85 (+5) dB(A))	§ 15	Anh. 3.7	< 85 (+5) dB(A)
Lärmkataster	§ 15		
Lärmminimierung	§ 15		
Laufstege (wenn nicht durchtrittssicher)	§ 8		
lichtdurchlässige Wände	§ 8 (4)		
lichte Höhe von Arbeitsräumen	§§ 23 (2 + 3)	Anh. 1.2 (1)	Werte entfallen
lichte Höhe von Sozialräumen	§§ 34 (3) + 35 (2)	Anh. 1.2 (2)	Werte entfallen
Lichtschalter	§ 7 (2)		
Liegeräume	§ 2 (2) + § 31		
Luftgeschwindigkeit	§ 16		
Lüftungs(technische) Einrichtungen	§ 5	§ 2 (5 Nr. 2) + Anh. 3.6	
Lüftung und -svorrichtungen	§ 53 (2)	Anh. 1.6 (1)	
Luftraum	§ 23 (4)	§ 6 (1)	„ausreichend"
Luftraum	§ 23 (4)	Anh. 1.2 (3)	„notwendig"
Luftwechsel	§ 5		
Luftzug, störend	–	Anh. 3.6 (3)	
Luken	§ 12		
Mängel (-beseitigung)	§ 53 (1)	§ 4 (1)	
Markierungen (Leuchtfarbe)	§ 19	§ 4 (1)	

Stichworte	ArbStättV „1975"	ArbStättV „2004"	Bemerkung
Marktverkehr (Geltung)	§ 1 (2 Nr. 1)	§ 1 (2 Nr. 1)	gilt nur bez. Rauchschutz
Maschinen	–	§ 2 (5 Nr. 2)	
Maschinenräume	–	§ 2 (4 Nr. 2)	
Massivelemente, schwere	–	Anh. 5.2 (4)	Baustelle
Maßnahmen durch Gewerbeaufsicht	§ 3 (3)		à ArbSchG
Maßnahmen, die ebenso wirksam sind	§ 4 (2)	§ 3 (3 Nr. 1)	
mechanische Schwingungen	§ 16 (1)	– [ex Anh.]	entfallen
Menschen mit Behinderungen	–	§ 3 (2)	
Mindestbeleuchtungsstärke	§ 7 (3)	–	entfallen
Mindestluftraum (12, 15, 18 m³/AN)	§ 23 (4)	Anh. 1.2 (3)	Werte entfallen
Mittel + Einrichtungen zur 1. Hilfe	§ 39	§ 4 (5)	
Mobiliar	–	§ 2 (5 Nr. 2)	
Natur des Betriebes (bei Betrieben, die dem Bundesbergrecht unterliegen)	–	Art. 2 Nr. 1 der ArtV ArbStättV	
Nebel	§ 14	–	
Nebenräume	§ 2 (2 Nr. 2)	§ 2 (4 Nr. 2)	
Netze (Absturzschutz)	§ 12		
nicht allseits umschlossene Räume	§§ 22 + 28		
Nichtraucherschutz	§ 3a	§ 5 Überschrift	
Notabschalteinrichtung (Fahrtreppen)	§ 18 (3)	§ 4 (4) und Anh. 1.9	
Notaggregate	–	§ 4 (3)	

Stichworte	ArbStättV „1975"	ArbStättV „2004"	Bemerkung
Notausgang	§ 10	§§ 2 (4 Nr. 1) + 4 (4) und Anh. 2.3	
Notschalter	–	§ 4 (3)	
Nutzungsart	–	Anh. 1.1	
Oberlichter	§§ 7 (1 Nr. 3) + 9	Anh. 1.6	
örtliche Rettungsdienste	–	Anh. 4.3 (2)	
Orientierungsbeleuchtung	§ 7	§ 4 (4) und Anh. 2.3	
Orientierungssysteme	–	§ 3 (2)	Behinderung
ortsfeste Arbeitsplätze auf Baustellen	§ 44	§ 4 (4) und Anh. 2.3	
ortsfeste Arbeitsplätze im Freien	§ 42	§ 4 (4) und Anh. 2.3	
Pausenraum oder -bereich	§ 29 (2 Nr. 3)	§§ 2 (4 Nr. 4) + 6 (3 + 6) und Anh. 4.2	
Pendeltüren	§ 10 (4)	Anh. 1.7 (3)	
Pförtnerlogen	§ 26	–	
Podeste	§ 12	–	
PSA (persönliche Schutzausrüstung)	–	Anh. 5.1	
Publikumsverkehr (Rauchen)	§ 5 (2)	§ 5 (2)	eingeschränkt
Prüfen von Sicherheits-einrichtungen	§ 53 (2)	§ 4 (5)	
Rampen, schräge in Rettungswegen	§ 19	§ 4 (5)	
Rauche	§ 14	§ 4 (5)	
Raumgröße	§§ 23 + 29 (3) + 35 (2)	Anh. 1.2	

A. Einführung in die neue ArbStättV

Stichworte	ArbStättV „1975"	ArbStättV „2004"	Bemerkung
Raumheizung	§ 6		
Raumhöhe	§§ 23+ 29 (2)	§ 6 (1) und Anh. 1.2 (1)	
Raumlufttechnische Anlage	[§ 53 (2)]	§ 4 (3) + Anh. 3.6 (2 + 4)	
Raumtemperatur in Arbeitsräumen	§ 6 (1)	Anh. 3.5	
Raumtemperatur in Pausenräumen	§ 6 (3)	Anh. 3.5	
Raumtemperatur in Tagesunterkünften auf Baustellen	§ 45 (4 Nr. 1)		
Raumtemperatur in Waschräumen auf Baustellen	§ 47 (5)		
Regallager	§ 17	§ 3 (1) + § 7 (3 + 4)	
Regeln, allgemein anerkannte (ASR)	§ 3 (1 Nr. 1)	–	d. BM(W)A
Regeln für Arbeitsstätten (TRA oder RAS*) – statt ASR)	–	§ 3 (1) + § 7 (3 + 4)	d. Ausschuss
Reinigung von Fußböden, Wänden	§ 54	§ 4 (4) + Anh. 1.5 (1)	
Reinigung von Fenstern + Oberlichtern	§ 54	§ 4 (4) + Anh. 1.6 (2)	
Reisegewerbe (Geltung)	–	§ 1 (2 Nr. 1)	gilt nur Nichtraucherschutz
Rettung im Freien	§ 41 (1)		
Rettungsdienste, örtliche		Anh. 4.3 (2)	
Rettungsplan	§ 55		
Rettungsdienste, örtliche	–	Anh. 4.3 (2)	
Rettungstransportmittel	–	Anh. 4.3 (1)	

*) vgl. Fußnote S. 21

Stichworte	ArbStättV „1975"	ArbStättV „2004"	Bemerkung
Rettungstunnel	§ 19	–	
Rettungswege	§§ 10 (7) +19	–	
Rettungsweglänge	§ 19	–	
RLT-Anlage	–	§ 4 (3) + Anh. 3.6 (2 + 4)	
Rolltore und -türen / nach oben öffnen	§ 10	Anh. 1.7	
Rückenlehne (Sitzgelegenheiten)		Anh. 4.2 (1b)	
Ruhebühnen an Steigleitern (< 10 m)	§ 20	Anh. 1.11 c	Nach Notwendigkeit in angem. Abständen
sachgerechte Wartung	–	§ 4 (3)	
Sanitäreinrichtungen in Unterkünften	–	Anh. 4.4 (1c)	
Sanitärräume	§§ 34–37	§§ 2 (4 Nr. 3) + 6 (6) und Anh. 4.1	
Sanitätsräume	§ 38	§ 6 (6) und Anh. 4.1	
Sanitätsräume auf Baustellen	§ 49	§ 6 (6) und Anh. 4.1	
Sauerstoffmangel (Bauarbeiten)		Anh. 5.2 (4c)	Baustelle
Schiebetore und -türen	§ 10 (6)	Anh. 1.7 (5) + 2.3 (2)	
Schlafbereich in Unterkünften		Anh. 4.4 (1a)	
Schiebetüren in Notausgängen	§ 10	Anh. 1.7 (5) + 2.3 (2)	verboten!
schwangere Frauen und stillende Mütter	[§ 31]	§ 6 (3)	Recht zum Hinlegen

Stichworte	ArbStättV „1975"	ArbStättV „2004"	Bemerkung
schwimmende Geräte und Anlagen	§ 51		
Schwingungen (unzuträg-liche)	§ 16	–	entfallen
Schutzkleidung auf Baustellen	–	Anh. 5.2 (1f)	Baustelle
Seeschiffe (gilt nicht)	§ 1 (2 Nr. 4)		
Sehaufgabe (Beleuchtungs-stärke)	§ 7		
Sehaufgabe im Freien	§ 41 (3)		
selbsttätige ortsfeste Feuerlöscheinrichtung	§ 13 (3)	–	
selbsttätig wirkende Feuerlöscheinrichtung	–	Anh. 2.2 (3)	
Senkkästen auf Baustellen	–	Anh. 5.2 (4d)	Baustelle
Sicherheit	–	§§ 1 (1) + 3 (1)	
Sicherheitsabstand bei Verkehrswegen	§ 17 (2)	Anh. 1.8 (3)	„ausreichend"
Sicherheitsbeleuchtung	§ 7 (4)	§ 4 (3) + Anh. 2.3 (1) + 3.4 (3)	
Sicherheitseinrichtung (prüfen und warten lassen)	§ 53	§ 4 (3)	
Sicherheitsglas	§§ 8 + 10		
Sicherheitskennzeichnung	§§ 10 + 19		
Sicherheitstechnik (allge-mein anerkannte Regeln)	§ 3 (1 Nr. 1)		
Sicherheitsvorkehrungen	–	Anh. 5.2 (4)	Baustelle
Sicherheit und Gesundheit	–	§ 3 (1)	
Sicherheit und Gesund-heitsschutz	–	§ 1 (1)	

Stichworte	ArbStättV „1975"	ArbStättV „2004"	Bemerkung
Sichtfenster in Pendeltüren und -toren	§ 10 (4)	Anh. 1.7 (3)	
Sichtverbindung		*[Anh. 3.4 – Überschrift]*	
Sichtverbindung nach außen	§ 7 (1)	–	
Signalanlagen	–	§ 4 (3)	
Sitzen *[wenn nicht möglich –> Liegeraum]*	*[§ 31]*		
Sitzgelegenheiten beim Umkleiden	§ 25 (1)	Anh. 4.1 (3b)	
Sonneneinstrahlung	§ 9 (2)	Anh. 3.5 (2)	nicht übermäßig
sonstige Einwirkungen (Gase, Dämpfe, Stäube)	§ 14	*– [ex: Anh. 3.8]*	nur im Freien *[im E.; entfallen]*
spannungsführende Teile	–	Anh. 1.4	
Spundwände auf Baustellen	–	Anh. 5.2 (4d)	Baustelle
Stabilisieren von Elementen (Baustelle)	–	Anh. 5.2 (2)	Baustelle
Stabilität der Arbeitsplätze (Baustelle)	–	Anh. 5.2 (4a)	Baustelle
Stand der Technik	–	*[Begründung A, 2. Aufzählungspunkt]*	
Standsicherheit	–	Anh. 5.2 (4a)	Baustelle
Stäube	§ 14	*– [ex: Anh. 3.8]*	entfallen
Steigleitern, Steigeisengänge	§ 20	Anh. 1.8.1 und 1.11	
Steuerstände / -kabinen	§ 26		
Stillräume	§ 7		

Stichworte	ArbStättV „1975"	ArbStättV „2004"	Bemerkung
Störfall (Unterweisung)	§ 55		
Störung an Absaugeein-richtungen	§§ 14 + 53 (2)	Anh. 3.6 (2)	
Stoffhandtücher	§ 35		
Tabakrauch	§§ 5 + 32	§ 5 (1)	
Tageslicht	§ 45	Anh. 3.4 (1)	möglichst ausreichend
Tagesunterkünfte	§ 45		
Telefonnummer (Rettungs-dienst)		Anh. 4.3 (2)	
Tische	§ 29 (4)	Anh. 4.4	
Toiletten und Toilettenräume	§ 37	§§ 2 (4 Nr. 3) + 6 (2) und Anh. 4.1	
Toiletten auf Baustellen	§ 48	§ 6 (2) und Anh. 5.2	
Tore	§§ 10–11	Anh. 1.7	
Tragluftbauten	§ 40 (1)	–	entfällt
Trennung der Geschlechter in Unterkünften		Anh. 4.4 (2)	
Trennung von Frauen und Männern in Toilettenräumen	§ 37 (1)		
Trennung von Frauen und Männern in Umkleide-räumen	§ 34 (1)	§ 6 (2)	oder getrenn-te Benutzung
Trennung von Frauen und Männern in Waschräumen	§ 35 (1)		
Trennung der Geschlechter in Unterkünften	§ 17 [ASR 17]	Anh. 1.8 (1)	
Treppen	§ 17 [ASR 17]	§ 3 (2) und Anh. 1.8 (1)	

Stichworte	ArbStättV „1975"	ArbStättV „2004"	Bemerkung
Trinkwasser	§ 29 (4)		
Trinkwasser in Pausen-räumen	§ 29 (4)		
Trinkwasser in Tagesunter-künften	§ 45 (5)		
Trockenräume für Arbeits-kleidung	§ 34		
Trockenräume für Arbeits-kleidung auf Baustellen	§§ 45 (7) + 46		
Trocknung für Arbeitsklei-dung auf Kleinbaustellen	§ 45 (7)		
Trocknung für Hände	§ 35 (4 + 5)		
Tunnelbauarbeiten		Anh. 5.2 (4b)	Baustelle
Türen	§§ 10 + 11	Anh. 1.7	
Türen als Notausgang / im Verlauf von Rettungswegen	§ 10 (7)	Anh. 2.3 (2)	
Türen im Verlauf von Fluchtwegen		Anh. 1.7	nach außen
Türen, Karussell- als Notausgang	–	Anh. 2.3 (2)	verboten!
Türen, kraftbetätigt	§ 11	Anh. 1.7 (7)	
Türen, Pendel-	–	Anh. 1.7 (3)	
Türen, Schiebe- als Notausgang	§ 10 (6)	Anh. 1.7 (5) + 2.3 (2)	verboten!
üben gem. Flucht- und Rettungsplan	§ 55	§ 4 (4)	
Übungen auf Baustellen	§ 55	Anh. 5.2 (1g)	Baustelle
umkleiden auf Baustellen	§ 46 (1)	Anh. 5.2 (1d)	Baustelle
umkleiden in Tagesunter-künften	§ 45	Anh. 5.2 (1d)	Baustelle

A. Einführung in die neue ArbStättV

Stichworte	ArbStättV „1975"	ArbStättV „2004"	Bemerkung
Umkleideräume	§ 34 (1)	§§ 2 (4 Nr. 3) + 6 (2) und Anh. 4.1 (3 + 4)	
Unfallgefahr	§ 27	Anh. 1.4 + 3.4(2)	
Unfallgefahr (erhöhte)	§ 27		
unterirdische Bauarbeiten	–	Anh. 5.2 (4b)	Baustelle
Unterkünfte	§ 40a	§§ 2 (4 Nr. 6) + 6 (5+6) und Anh. 4.4	
Unterkünfte auf Baustellen	§ 45	§§ 2 + 6 und Anh. 4.4	
unzuträgliche Einwirkungen	§ 16		
Urproduktion (Geltung der ArbstättV)	§ 1		
Verbindung Wasch- / Umkleideraum	§§ 36 + 37 (2)		
Verkaufscontainer	§ 50		
Verkaufskiosk und -pavillon	§ 50		
Verkaufsstände im Freien	§ 50		
Verkehrsanlagen	§ 2		
Verkehrswege	§§ 17 + 52	§ 2 (4 Nr. 1) + 4 (4) und Anh. 1.8	
Verschalungen (Baustelle)	–	Anh. 5.2 (4b)	Baustelle
Versorgungsleitung (Baustelle)	–	Anh. 5.2 (4b)	Baustelle
Verunreinigungen	§ 54	§ 4 (2) + Anh. 3.6 (4)	
Wandöffnungen (Absturzschutz)	§ 12 (2)	Anh. 1.5 (1+ 3)	
Wände	§ 8 (3+4)	Anh. 1.5 (1+ 3)	

Stichworte	ArbStättV „1975"	ArbStättV „2004"	Bemerkung
Wärmedämmung des Raumes	–	Anh.1.5	
Wärmedämmung (gegen Fußkälte)	§ 8 (1)	–	
Wärmedämmung (Waschräume auf Baustellen)	§ 47 (5)	–	
Wärmedämmung (in Tagesunterkünften)	§ 45 (3)	–	
Wärmen von Speisen und Getränken	§ 29		
Wärmen von Speisen und Getränken (auf Baustellen)	§ 46		
Wärmestrahlung (unzuträgliche)	§ 16		
Warmwasserbereitung in Waschräumen	§ 35	Anh. 4.1 (2c)	
Warneinrichtungen (selbsttätige)	§ 14	Anh. 2.2 (3)	
Wartung von Sicherheitseinrichtungen	§ 53	§ 4 (3)	
Waschräume, -gelegenheiten	§ 35	§§ 2 (4 Nr. 3) + 6 (2) und Anh. 4.1 (2)	
Waschräume auf Baustellen	§ 47	§ 6 (2) und Anh. 5.2	Baustelle
Wasserfahrzeuge	§ 51		
Wasser (fließend)	§ 35 (4)	Anh. 4.1 (2c)	
werdende oder stillende Mütter	§ 31	§ 6 (3)	Liegeraum
Werkstoffe (bruchsicher)	–	Anh. 1.5 (3)	–
Witterungseinflüsse, Schutzmaßnahmen auf Baustellen	§ 44 (2 Nr. 2) + 45 (7)	Anh. 5.2	

Stichworte	ArbStättV „1975"	ArbStättV „2004"	Bemerkung
Witterungsschutz an Verkaufsständen im Freien	§ 50 (2)	[Anh. 5.1]	
Witterungsschutz bei ortsfesten Arbeitsplätzen im Freien	§ 42 (2 Nr. 1)	[Anh. 5.1]	
Witterungsschutz bei nicht allseits umschlossenen Arbeitsräumen	§ 28 (2)	Anh. 5.1	
Witterungsschutz im Freien	–	Anh. 5.1	
Wohlbefinden	–	Anh. 1.2 (1)	
Wohnbereich in Unterkünften	–	Anh. 4.4 (1a)	
Zersplittern von Türen	–	Anh. 1.7 (4)	
Zersplittern von Wänden	–	Anh. 1.5 (3)	
Zugang	–	Anh. 5.2 (4a)	Baustelle
Zugluft	§ 16 (4)	Anh. 3.6 (3)	
Zugluft in Tagesunterkünften	§ 45 (3)	Anh. 3.6 (3)	

III. Notwendigkeit des Ersatzes der bisherigen ArbStättV

1. Ausgangslage

Im März **1975** wurden die bis dahin über verschiedene Vorschriften verstreuten Regelungen – beim Bund und auch den Bundesländern, z. B. „Erlass über Kontaktfenster" vom 02.10.1973 in Nordrhein-Westfalen – zum Einrichten und Betreiben von Arbeitsstätten unter den Gesichtspunkten des Arbeitsschutzes in der Verordnung über Arbeitsstätten (ArbStättV) **zusammengefasst.** In deren Entstehungsphase gab es vor allem heftige Diskussionen um die Abgrenzung zum Bauordnungsrecht, das ja verfassungsrechtlich Ländersache ist. Es wurde bezweifelt, dass dem Bund hier im Zuge der konkurrierenden Gesetzgebung des Grundgesetzes das Recht zustehe, etwa Regelungen für Raumhöhen festzulegen. Weiter war umstritten, dass bautechnischen Detailregelungen zum Schutz von Leben und Gesundheit der Beschäftigten durch die Ermächtigungsgrundlagen (damals § 120e Abs. 1 und 3 GewO sowie § 139h Abs. 1 GewO i. V. m. § 62 Abs. 1 HGB i. V. m. Art. 129 Abs. 1 GG) gerechtfertigt seien *(Opfermann/Streit).*

Die ArbStättV trat am 01.05.1976 in Kraft und wurde einige Male geringfügig geändert, z. B. gab es 1982, 1983 und 1996 im Wesentlichen formelle Anpassungen. Sie galt als **moderne technische Vorschrift** wegen der klaren Strukturierung in Geltungsbereich, Begriffsbestimmungen, allgemeine Anforderungen, Ausnahmemöglichkeiten, materielle Bestimmungen – mit Zahlenwerten für verschiedene Parameter wie Flächen, Lärmgrenzen, Temperaturen, Arbeitnehmer (siehe Übersicht Seite 82) – und Übergangsregelungen. Mit dieser Gliederung war sie einfach und verständlich und hat sich für die verschiedensten Arbeitsstätten bewährt *(BAK).* Sie bot eine gewisse Rechtssicherheit und enthielt auch Rahmenvorschriften, wie menschenwürdige Arbeitsstätten beschaffen sein müssen *(Arbeit & Ökologie).*

Übersicht: Zahlenwerte in der alten ArbStättV

Kriterium	Betrag	Fundstelle alte ArbStättV
Raumtemperatur in Sozialräumen	mind. 21 ° C	§ 6 (3)
keine Sichtverbindung (Fenster) nötig, wenn Oberlichter vorhanden und Raumfläche ...	> 1000 m²	§ 7 (1)
Allgemeinbeleuchtung	mind. 15 lx	§ 7 (3)
Sicherheitsbeleuchtung	mind. 1 lx	§ 7 (4)
Sicherung an kraftbetätigten Türen und Toren	− 2,50 m	§ 11 (1)
Schallpegel in Arbeitsräumen	max. 55 / 70 / 85 dB(A)	§ 15 (1)
Schallpegel in Sozialräumen	max. 55 dB(A)	§ 15 (2)
Sicherheitsabstand beidseits von Verkehrswegen	> 50 cm	§ 17 (2)
Abstand für Fahrzeuge zu Türen und Toren	> 1,00 m	§ 17 (3)
Kennzeichnung der Verkehrswege, wenn F ...	> 1000 m²	§ 17 (4)
Rückenschutz an Steigleitern, wenn	> 5,00 m	§ 20
Abstand von Ruhebühnen an Steigleitern	max. 10 m, wenn > 80°	§ 20
Breite von Laderampen	> 80 cm	§ 21 (1)
beidseits Treppen an Laderampen	> 20 m	§ 21 (2)
Absturzsicherung an Laderampen	> 1,00 m	§ 21 (3)
Schutzraum unter Laderampen neben Geleisen	> 0,80 m über Schienen	§ 21 (4)
Grundfläche von Arbeitsräumen	> 8,00 m²	§ 23 (1)

Kriterium	Betrag	Fundstelle alte Arb-StättV
lichte Höhe von Arbeitsräumen	> 2,50 / 2,75 / 3,00 / 3,25 m (Grenzen 50 / 100 / 2000 m²)	§ 23 (2)
reduz. Mindesthöhe bei best. Räumen, z. B. Büro	> 2,50 m	§ 23 (3)
Mindestluftraum je Arbeitnehmer	> 12 / 15 / 18 m³	§ 23 (4)
zusätzlicher Luftraum je Besucher	> 10 m³	§ 23 (4)
freie Bewegungsfläche am Arbeitsplatz je AN	> 1,50 m²	§ 24 (1)
Mindestbreite der freien Bewegungsfläche	> 1,00 m³	§ 24 (1)
lichte Höhe von Pausenräumen	> 2,50 / 2,75 / 3,00 / 3,25 m (Grenzen 50 / 100 / 2000 m²)	§ 29 (2) + § 23 (2)
Grundfläche von Pausenräumen	> 6,00 m²	§ 29 (3)
Fläche in Pausenräumen je AN	> 1,00 m²	§ 29 (3)
lichte Höhe von Umkleideräumen	> 2,30 / > 2,50 m ab 30 m²	§ 34 (3)
Grundfläche von Umkleideräumen	> 6,00 m²	§ 34 (4)
freie Fläche vor Kleiderablagen für Umkleiden	> 0,50 m²	§ 34 (4)
lichte Höhe von Waschräumen	> 2,30 / > 2,50 m ab 30 m²	§ 35 (2)
Grundfläche von Waschräumen	> 4,00 m²	§ 35 (3)
freie Bodenfläche vor Waschgelegenheiten in Umkleideräumen	> 0,70 x 0,70 m²	§ 35 (3)
geschlechtsgetrennte Toilettenräume	> 5 Arbeitnehmer	§ 37 (1)
Toilettenräume nur für Betriebsangehörige	> 5 Arbeitnehmer	§ 37 (1)

Kriterium	Betrag	Fundstelle alte Arb-StättV
Sanitätsraum	> 1000 Arbeitnehmer	§ 38 (1)
Sanitätsraum bei bes. Unfallgefahren	> 100 Arbeitnehmer	§ 38 (1)
lichte Höhe von Behelfsbauten	2,30 m ausreichend	§ 40 (3)
ortsgeb. Arbeitsplätze im Freien beheizbar auf	mind. 16 °C 01.11. – 31.03.	§ 42 3)
lichte Höhe von Tagesunterkünften	> 2,30 m	§ 45 (2)
freie Bodenfläche in Tagesunterkünften je AN	> 0,75 m²	§ 45 (2)
Tagesunterkünften zu beheizen auf	mind. 21 °C 15.10. – 30.04.	§ 45 (4)
lichte Höhe von Waschräumen auf Baustellen	> 2,30 m	§ 47 (2)
Waschstellen auf Baustellen	> 1 je 5 Arbeitnehmer	§ 47 (3)
Duschen auf Baustellen	> 1 je 20 Arbeitnehmer	§ 47 (3)
Waschräume zu beheizen auf	mind. 21 °C	§ 45 (5)
Toilettenräume auf Baustellen vorhanden	> 15 AN > 2 Wochen	§ 48 (2)
Toilettenräume auf Baustellen zu beheizen	vom 15.10.–30.04.	§ 48 (2)
Sanitätsräume auf Baustellen	> 50 AN von 1 Arbeitgeber	§ 49 (1)
Krankentrage auf Baustellen	> 20 AN anwesend	§ 49 (2)
Verkaufsstände im Freien bei Läden	mind. 16 °C 15.10.–30.04.	§ 50 (1)
freie Fläche beim Verkauf im Freien bei Läden	> 1,50 m²	§ 50 (3)

Dennoch entstanden Forderungen von Seiten der Politik und der Wirtschaft, diese Vorschrift wesentlich zu ändern oder zumindest für kleinere Unternehmen außer Kraft zu setzen. Das Arbeitsstättenrecht sei zu entrümpeln, indem starre und schwer handhabbare Regelungen ausgesondert und durch flexible Grundvorschriften ersetzt werden. Dadurch würden die Unternehmen mehr Handlungsfreiheit und Potenzial zur Kostenersparnis erhalten *(Sicherheitsingenieur)*. Es sollten **nur noch die grundlegenden Pflichten** der Arbeitgeber für die Sicherheit und die Gesundheit in Arbeitsstätten als Zielvorgaben festgelegt, Detailanforderungen an Arbeitsstätten aber nicht mehr vorhanden sein. Dies führte schließlich im Sommer 2004 zu einer völlig überarbeiteten Verordnung unter dem bisherigen Titel ArbStättV.

2. Schwierige wirtschaftliche Lage

Es ist nicht zu verkennen, dass der wirtschaftliche Druck in vielen Betrieben ungeheuer groß ist *(v. Locquenghien/Ostermann/Klindt)*. Fast täglich verbreiten die Medien Schreckensmeldungen aus der Wirtschaft über steigende Arbeitslosenzahlen, Insolvenzen kleiner Firmen oder Konzerne und drohende Werkschließungen oder Produktionsverlagerungen ins Ausland. Hier ist nicht der geeignete Raum für Wirtschaftsdebatten und -prognosen. Eine Mitschuld an der **Gefährdung des Wirtschaftsstandortes Deutschland** wird aber der überbordenden Regelungsdichte und allumfassenden Bürokratie gegeben.

„Garagenfirmen", die es zum Beginn des Wirtschaftsbooms im Silicon-Valley gegeben habe, seien in Deutschland gesetzlich verboten und schon dadurch der notwendige Aufschwung erschwert. Die Vorwürfe gegen Paragraphendschungel, Amtsschimmel und übermäßige Überwachung treffen durchaus auch Institutionen und Vorschriften im Bereich Arbeitsschutz. Dies war ein entscheidender Anlass, die ArbStättV in Frage und ihre Anforderungen auf den **Prüfstand zu stellen**. So soll es für Unternehmen möglich sein, die Kosten für den Betrieb ihrer Arbeitsstätten in Deutschland zu senken, und gerade Unternehmensgründern soll es erleichtert werden, Arbeitsplätze zu schaffen.

3. Deregulierung und Bürokratieabbau

Die **Vorschriftendichte** in Deutschland ist eines der wenigen Gebiete, wo unser Land weltweit „führend" ist. Ein Vergleich der OECD unter 20 Industrienationen weist nach, dass mit zunehmendem Bürokratieindex die Erwerbstätigenquote sinkt *(Focus-Money)*. Allein das Bundesrecht soll fast 2.000 Gesetze, ca. 3.000 Verordnungen und 85.000 Einzelvorschriften umfassen. Dazu kommt eine Fülle von Ländervorschriften, die auch durchaus voneinander abweichen können. Der **Einigungsvertrag** vom 31.08.1990 enthält in Art. 30 Abs. 1 Nr. 2 den Auftrag an den gesamtdeutschen Gesetzgeber, den öffentlich-rechtlichen Arbeitsschutz zeitgemäß neu zu regeln. Hinzu kommt die Verpflichtung der Bundesregierung, die europäischen Arbeitsschutzrichtlinien umzusetzen. Nun ist aber bei den oben aufgeführten Zahlen in den letzten Jahren sogar ein Anstieg zu registrieren, nicht zuletzt wegen der notwendigen nationalen Umsetzung von ca. 100.000 Seiten EU-Rechtsakten.

Diese enorme **Vorschriftenflut** wird von den Arbeitgeberverbänden als Nachteil des Wirtschaftsstandortes Deutschland herausgestellt, insbesondere bezüglich der zahlreichen Erlaubnisvorbehalte, Genehmigungs- und Anzeigeverfahren sowie statistischer Berichtspflichten. Für Kleinbetriebe (bis zu 9 Beschäftigte) sollen die Bürokratiekosten 4.360 € pro Mitarbeiter und Jahr betragen und eine Rentabilität zunehmend unmöglich machen *(Müller/Meyer)*.

Zum Gegensteuern haben sich in den letzten Jahren mehrere Arbeitsgruppen und Kommissionen von Bundes- und Länderregierungen und Verbänden des Themas Deregulierung und Bürokratieabbau angenommen, z. B. Anfang der 90er-Jahre die „Badura-Kommission" in Bayern. Die Bundesvereinigung der Deutschen Arbeitgeberverbände (BDA) legt einen „40-Punkte-Plan zum Abbau der Bürokratie" vor, der auch den Bereich Arbeitsschutzrecht betrifft *(IG Metall)*.

Das Bundesministerium für Wirtschaft und Arbeit richtet 2002 ein eigenes Referat Bürokratieabbau (BMWA VII A 7) ein. Im Februar 2003 beschließt die Bundesregierung einen **„Masterplan Bürokratieabbau"**, der 54 Punkte aus Steuer-, Umwelt-, Arbeits- und Verwaltungsrecht umfasst. Als Nummer 7 enthält er die Forderung, die ArbStättV zu flexibilisieren. Die Liste ist gleich mit Hinweisen auf zu erwartende Widerstände versehen, z. B. seitens der Gewerkschaften wenn zu weitgehende Forderungen der Wirtschaft berücksichtigt würden (siehe Übersicht Seite 87). Als Zielsetzung wird u. a. genannt:

• Förderung von Wachstum und Beschäftigung,

• Entlastung des Mittelstandes,

• Konsolidierung der öffentlichen Finanzen und

• Stärkung der Bürgergesellschaft.

Vorschläge zum Bürokratieabbau vom 01.02.2003
der Projektgruppe **des BMWA** „Masterplan Bürokratieabbau"

Themen aus der originären BMWA-Zuständigkeit

7.	Arbeitsstättenverordnung (ArbStättVO)	III B 2
Maßnahme	Modernisierung (entsprechend EG-rechtlichen Vorgaben)	
Ziel	Größere Flexibilität; bessere Anpassung an betriebliche Gegebenheiten	
Konflikt-potenzial	Bei zu weitgehenden Forderungen der Wirtschaft Widerstand der Gewerkschaften	
Gegenvotum	–	

Darauf gestützt sollen in drei **Modellregionen** (Ostwestfalen-Lippe, Westmecklenburg und Freie Hansestadt Bremen) durch Experimentier-klauseln über fünf Jahre hinweg Erfahrungen mit erleichterten Regelun-gen und verringerter Verwaltung gesammelt werden, z. B. Anzeige- statt Genehmigungsverfahren und Zusammenlegung von Umwelt- und Ar-beitsschutzämtern *(Bürokratieabbaugesetz OWL)*. Zwischenergebnisse wurden dem BMWA zur Verfügung gestellt, um den Masterplan prakti-kabel weiterzuentwickeln.

In Bayern wird von der Staatsregierung Ende 2002 eine Deregulierungs-Kommission gebildet unter der Leitung von Prof. Henzler, dem ehemali-gen Deutschland-Chef der Unternehmensberatung McKinsey. So schlägt im Juli 2003 die **„Henzler-Kommission"** in ihrem Abschlussbe-richt als Nr. 5.5 im „Modul 1 – small company act" vor, die Kleinunterneh-men bis einschließlich 20 Arbeitnehmer von den Detailregelungen der ArbStättV freizustellen, weil diese ein Musterbeispiel für normative Rege-lungswut und überbordende Bürokratie seien. Generalklauseln förderten dagegen die Eigenverantwortung der Arbeitgeber und ermöglichten in-telligente Innovationen und Lösungen *(Bayerische Staatsregierung)*.

Im März 2004 legen **CDU und CSU** ein Strategiepapier „Weichen stel-len in Deutschland" vor, das u. a. vorsieht, das Arbeitszeitgesetz und das Arbeitsstättenrecht mit großzügigen Ausnahmeregelungen für Kleinbetriebe zu versehen und die ArbStättV von zahlreichen konkreten Schutzbestimmungen zu entrümpeln *(Arbeit & Ökologie)*.

Am 21.04.2004 beschließt das **Bundeskabinett** 34 Verfahrensregeln „Weichen stellen in Deutschland" zur Fortführung des Masterplans. Als lfd. Nr. II.1. erscheint die „Befreiung der Betriebe von bürokratischen Bestimmungen der ArbStättV" per EU-konformer Novelle mit flexiblen Grundvorschriften und Beseitigung starrer Detailregelungen *(BMWA)*.

Im Juli 2004 stellen **CDU-Politiker** ein „Konzept zur Deregulierung und Entbürokratisierung" vor. Mit einer Umkehr der Beweislast soll künftig nachgewiesen werden müssen, dass eine Vorschrift unentbehrlich ist, um Bestand zu haben. Kleinere Unternehmen (bis zu 20 Beschäftigte) sollen von belastenden Bestimmungen generell freigestellt werden *(Müller/Meyer)*.

Im August 2004 beschließt das **bayerische Kabinett** eine EU-Deregulierungsinitiative des niederländischen Ratsvorsitzes zu unterstützen, die die Wettbewerbsfähigkeit der europäischen Unternehmen durch Deregulierung verbessern will. Sie soll eine Neuausrichtung der „Lissabon-Strategie" bewirken, welche beschlossen worden war, um die EU bis 2010 zu einer weltweit führenden Wirtschaftskraft wachsen zu lassen. Bayern listet dazu ein Vorschlagspaket zum Abbau von Überregulierungen auf. Es umfasst u. a. die Forderung zur Aufhebung der Baustellensicherheitsrichtline und von Statistikpflichten für Kleinbetriebe *(Bayerische Staatskanzlei)*. Da die neue ArbStättV etliche Bestimmungen aus der EU-Baustellen-Richtlinie umsetzt, wird sie somit politisch bereits wieder in Frage gestellt!

4. Dualismus im Arbeitsschutz und Privatisierung

Seit über 100 Jahren gehören zum deutschen Arbeitsschutzsystem die Komponenten Gewerbeaufsicht und Berufsgenossenschaften.

Die Bezeichnung „**Gewerbeaufsichtsamt**" als staatlicher Arbeitsschutzbehörde in den Bundesländern hat sich unterschiedlich entwickelt, z. B. „Staatliches Amt für Arbeits- und Umweltschutz", „Behörde für Arbeit, Gesundheit und Soziales", „Amt für Arbeitsschutz und technische Sicherheit". Ebenso differiert ihr Aufgaben- und Personalumfang, teilweise liegt der Schwerpunkt auf dem Bereich Umwelt- und Verbraucherschutz. Durchwegs findet jedoch weiterhin in Betrieben, auf Baustellen und im Straßenverkehr eine Überwachung des umfangreichen Arbeitsschutzrechts statt. Dies setzt den Verfassungsauftrag zum Schutz von Leben und Gesundheit für den Bereich der Arbeitswelt um und umfasst:

- technischen Arbeits- und Gesundheitsschutz,
- sozialen Arbeitsschutz,
- Gefahrstoffrecht, Bio- und Gentechnik,
- Sprengstoffrecht,
- Anlagensicherheit,
- Marktüberwachung bezüglich technischem und sozialem Verbraucherschutz,
- arbeitsmedizinische Vorschriften,
- Schutz vor Röntgenstrahlen und
- Überwachung der Gefahrgutbeförderung.

Den Überprüfungen zugrunde liegen nicht nur die staatlichen Arbeitsschutzvorschriften wie Arbeitsschutzgesetz, Chemikaliengesetz, Geräte- und Produktsicherheitsgesetz sowie Gefahrgutverordnungen, sondern auch Vorschriften der Berufsgenossenschaften und Normen (DIN, VDE). Mit § 21 Abs.1 ArbSchG wurde 1996 die Überwachungspflicht um einen **Beratungsauftrag** gegenüber den Arbeitgebern ergänzt.

Bei den Trägern der gesetzlichen Unfallversicherung, den **Berufsgenossenschaften** (BG'en) wurde am 07.08.1996 durch das Unfallversicherungs-Einordnungsgesetz die über 100 Jahre gültige Basisvorschrift Reichsversicherungsordnung (RVO) durch ein Siebtes Buch Sozialgesetzbuch (SGB VII) ersetzt. Dessen Zweites Kapitel „Prävention" ergänzte die Verhütung von Arbeitsunfällen und Berufskrankheiten um die Vorsorge gegen arbeitsbedingte Gesundheitsgefahren. § 18 SGB VII wandelte den Technischen Aufsichtsbeamten der BG (TAB) zur „Aufsichtsperson". Der Erlass von Unfallverhütungsvorschriften und Sicherheitsregeln erfolgte durch branchenspezifische Ausschüsse und Gremien, in denen Vertreter von Arbeitgebern und Arbeitnehmern paritätisch zusammenwirken. Auch staatliche Arbeitsschutzvorschriften wurden ins BG-liche Regelwerk eingegliedert, z. B. die ArbStättV als ZH 1/525, nunmehr im aktuellen BG-lichen Vorschriften- und Regelwerk als CHV 4.

Dieses teilweise parallele Überwachen der Verhältnisse an den Arbeitsplätzen durch GAA und BG führte zur Bezeichnung **Dualismus** oder Duales System im Arbeitsschutz – keinesfalls zu verwechseln mit dem gewerblichen Recycling-System in der Abfallentsorgung. Der Dualismus sollte Prävention auf unterschiedlichen Wegen sicherstellen und die Arbeitnehmer umfassend vor gesundheitsbeeinträchtigenden Arbeitsbedingungen sowie vor Berufskrankheiten schützen *(BR-Drs. 820/03, Begründung)*.

Übersicht: Dualismus im Arbeitsschutzrecht

Arbeitsschutz-Vorschriften					Bemerkung
Verhütung von Arbeitsunfällen und Berufskrankheiten					Ziel
Staat			Unfallver-sicherungs-träger	sonsti-ge Gre-mien	Normenset-zer
Gewerbeaufsichtsamt			Berufsgenos-senschaften „BG", Unfall-kassen	Nor-men-aus-schuss	Institutionen
bis 1996:					**Traditionel-le Vor-schriften**
GewO			RVO	–	„Grundge-setz"
ASiG	–	ChemG	GSG	–	–	Spezialge-setze
–	ArbStättV	GefStoffV	GSG-V´n	–	–	Verordnun-gen
			UVV´n	–	Satzung
–	ASR	TRGS	TRG, TRB	ZH 1 /...	DIN, VDI...	Regeln der Technik
Art. 100a und 118a EG-Vertrag und Europäische Richtlinien				Nor-men-Mandat zu Art. 100a	Europäi-sche (und deutsche) Einigung
Vorschriften gelten überall; jetzt auch Verhütung „arbeitsbeding-ter Erkrankungen"					ganzheit-liche Prä-vention

seit 1996:			nationale Umsetzung des EG-Rechts:
ArbSchG und VO´en zum ArbSchG, z. B. BaustellV, BetrSichV, GPSG	SGB VII		Neue Basis-vorschriften
ab 2005: Technische Regeln zur Betriebs-sicherheit und für Arbeitsstätten	(BGV,BGR, BGI)		Regelwerk
		DIN EN ISO	Internationa-le Normen

Der betriebliche Arbeitsschutz hat sogar noch ein **„drittes Standbein"**: Den Arbeitgeber beraten und unterstützen in seiner Pflicht, für die Mitarbeiter Maßnahmen bezüglich Sicherheit und Gesundheitsschutz zu treffen, inner- und überbetriebliche Spezialisten (Sicherheitsfachkräfte, Werksärzte, Sicherheits-, Störfallbeauftragte, befähigte Personen und zugelassene Überwachungsstellen – früher Sachkundige und Sachverständige).

Das jahrzehntelange gemeinsame Wirken hat wesentlich dazu beigetragen, dass Arbeitsunfälle und damit Fehlzeiten in den Betrieben **stetig abgenommen** haben. Trotz dieses Erfolges ist im Zuge der Reformdiskussion zum Bürokratieabbau und Umbau der Sozialsysteme auch die gesetzliche Unfallversicherung in die Kritik geraten *(Zakrzewski)*. Das Ansteigen der Ausgaben gerade für Altlastfälle z. B. bei Asbestosen und wegen der Konkursausfallgelder führte zu einer starken Erhöhung der Beitragssätze. 1991 betrug die Beitragssumme der gewerblichen BG'en insgesamt 6,5 Milliarden DM, dagegen waren es 2001 9,1 Milliarden DM trotz der zurückgehenden Unternehmens- und Beschäftigtenzahlen *(Jäger)*. Diese zunehmende Kostenbelastung durch eine Zwangsversicherung wollen viele Unternehmer vermeiden, indem sie für einen freien Wettbewerb der Versicherungen eintreten und aus einer solchen Konkurrenzsituation Vorteile erhoffen.

Eine **Bundesratsinitiative** soll 1999 zu einem Gesetz zur Erleichterung der Verwaltungsreform führen und dabei u. a die Rechtsetzungskompetenz der Berufsgenossenschaften beschneiden. Die bayerische Henzler-Kommission zur Deregulierung schlägt Mitte 2003 vor, die Überwachung der Betriebe Privaten in Form sog. „beliehener Unternehmer" zu übertragen. Aufgrund ihres Abschlussberichtes formuliert die bayerische Staatsregierung im November 2003 einen „Gesetzentwurf zur

Neuordnung der Zuständigkeiten der Unfallversicherungsträger", mit dem die Aufgaben der BG'en auf die Beratung von Arbeitgebern und Versicherten reduziert werden sollen *(BR-Drucksache 820/03)*. Dieser Antrag wird vom Bundesrat jedoch nicht weiter verfolgt.

Die BG'en gehen das Thema **Strukturreform** selbst an. Derzeit gibt es in den 16 Bundesländern 80 Träger der gesetzlichen Unfallversicherung *(Sicherheitsingenieur)*. Die Branchengliederung und die öffentlich-rechtliche Organisationsform mit paritätischer Selbstverwaltung sollen erhalten werden; dagegen wurden zur Kosteneinsparung Fusionen beschlossen, z. B. bei den bisher regional gegliederten Bau-BG'en und den Metall-BG'en in 2005 *(asphalt)*.

In mehreren Bundesländern gab und gibt es Bestrebungen, die Kontrolltätigkeit der Gewerbeaufsicht aus dem staatlichen Bereich zu verlagern, z. B. durch **Übertragung** an die Berufsgenossenschaften auf der Basis von § 21 Abs.4 ArbSchG. Dies ist in Bayern im Bereich der landwirtschaftlichen Betriebe geschehen, betrifft aber nur den Bereich ArbSchG und zugehörige Verordnungen, damit auch die ArbStättV. Der Vorteil aus dieser Nutzung von Synergieeffekten dürfte vorrangig darin liegen, dass der Staat Personalkosten einsparen kann. Da inzwischen die BG'en einer solchen Übertragung zusätzlicher Aufgaben nach dem Verursacherprinzip nur unter Zusage der Kostenübernahme zustimmen können, wird dieser Weg wohl nicht weiter beschritten.

In der Deregulierungsdebatte wurde auch gefordert, mit der Aufsichtstätigkeit **private Institutionen** zu beauftragen, die dafür gegebenenfalls zertifiziert werden. Einsparungen für die Arbeitgeber können daraus jedoch nicht resultieren, da sie dann selbst für eine Routinekontrolle, die keine gravierenden Mängel aufdeckt, eine Rechnung erhalten würden.

Eine Konsequenz der weitergehenden Liberalisierung und Privatisierung im Arbeitsschutz war der **Wegfall eines Monopols** für Sachverständigenprüfungen, wie es im Bereich der überwachungsbedürftigen Anlagen bestand (frühere Verordnungen zu § 24 GewO für Dampfkessel, Druckbehälter, Aufzüge usw., später Verordnungen zum Gerätesicherheitsgesetz). Durch die Betriebssicherheitsverordnung von Oktober 2002 hat der Unternehmer damit jetzt nach EU-Recht zugelassene Überwachungsstellen zu beauftragen. So stehen die verschiedenen „TÜV's" künftig im Wettbewerb untereinander wie auch mit anderen in- und ausländischen Prüfunternehmen. Dies soll zu einer finanziellen Entlastung der Arbeitgeber führen und dennoch das hohe sicherheitstechnische Niveau erhalten *(Rindfleisch)*. Letzteres wird von den meisten Fachleuten in Zweifel gezogen.

5. Europäisches Arbeitsschutzrecht und nationale Umsetzung

Die europäische Gesetzgebung zu Sicherheit und Gesundheitsschutz bei der Arbeit hat die Bereiche

* Sicherheit bei der Herstellung von Produkten und Maschinen sowie
* Sicherheit bei deren Verwendung, als Teil des betrieblichen Arbeitsschutzes

in strikt getrennten, aber sich ergänzenden Richtlinien-Sparten für das Inverkehrbringen (nach Art. 95 EG-Vertrag – vor Maastricht: Art. 100a; verantwortlich ist der Produzent bzw. der Importeur oder der Händler) sowie Benutzen und Arbeitsplatzumgebung (nach Art. 137 EG-Vertrag – früher: Art. 118a; verantwortlich ist der Arbeitgeber, teilweise auch der Bauherr) geregelt.

In den Richtlinien nach Art. 95 EGV hat der Rat **Anforderungen an die Sicherheit von Maschinen, Geräten und Arbeitsmitteln** festgelegt, die in allen Mitgliedsstaaten wortgleich in nationales Recht zu übernehmen sind, damit überall die Anforderungen gleich sind. Damit soll erreicht werden, dass die Hersteller ihre Produkte einerseits ohne Handelsschranken, aber dennoch auf hohem Sicherheitsstandard auf dem gemeinsamen freien Markt in den Verkehr bringen können. Die Umsetzung von „Art. 95-Richtlinien" in deutsches Recht erfolgt durch Verordnungen auf der Grundlage des Gerätesicherheitsgesetzes (GSG) – seit dem 01.05 2004 auf der Grundlage des Geräte- und Produktsicherheitsgesetzes (GPSG).

Als Beispiel: Für das **Herstellen von persönlichen Schutzausrüstungen** (PSA) erließ die EG die RL 89/686/EWG vom 21.12.1989 zur Angleichung der Rechtsvorschriften für persönliche Schutzausrüstungen (ABl. EG Nr. L 399, S. 18). In Deutschland wurde diese umgesetzt mit der Verordnung über das Inverkehrbringen von persönlichen Schutzausrüstungen (8. GSG-V, jetzt 8. GPSG-V) vom 10.06.1992, zuletzt geändert am 20.02.1997 (BGBl. I S. 316).

Detaillierte Kriterien für eine sichere Konstruktion – unabhängig davon, wo ein Produkt hergestellt wird – enthalten europäische oder weltweit gültige technische **Normen** (EN und/oder ISO, bei elektrischen Geräten CENELEC; die DIN-Normen werden Zug um Zug dem internationalen Standard angepasst, bzw. ersetzt). Zu erkennen ist dieses Sicherheitssystem an dem am Produkt angebrachten „CE-Zeichen" und der mitzuliefernden Konformitätserklärung, worin der Produzent die für dieses Produkt einschlägigen Sicherheitsnormen nennt und ihre Einhaltung bestätigt.

In Richtlinien nach Art. 137 EGV hat der Rat der EU Mindestvorschriften bezüglich der Sicherheit und des Gesundheitsschutzes bei der Arbeit festgelegt. Die Mitgliedstaaten haben auch diese **Mindestvorschriften zum betrieblichen Arbeitsschutz** innerhalb vorgegebener Fristen in nationales Recht umzusetzen (siehe Übersicht Seite 95 ff.). Sie dürfen dabei auf ein höheres Schutzniveau abzielen, wenn dies national bisher schon vorhanden ist oder für die Zukunft vorgesehen ist. Besondere Rücksichtnahme soll auf die Belange der Klein- und Mittelunternehmer („KMU") gelegt werden. Als Mittelunternehmen wird dabei nach einer Erklärung des Rates ein Betrieb mit bis zu 250 Beschäftigten bezeichnet. Diese an den Arbeitgeber gewandten Bestimmungen dienen u. a. dazu, dass die sicher in den Verkehr gebrachten Produkte von den Beschäftigten auch zweckentsprechend verwendet, also benutzt, gepflegt, gewartet und geprüft werden.

Die Rechtsetzung zielte bei der notwendigen nationalen Umsetzung der Richtlinien zum betrieblichen Arbeitsschutz erklärtermaßen auf eine schlanke Form ab. Die **Umsetzung im „Maßstab 1:1"** erfolgte durch

- die inhaltsgleiche Übertragung der materiellen europäischen Mindestregelungen, also ohne darüber hinausgehende Festlegungen;

- die Übereinstimmung mit den Vorschriften des ArbSchG („Kohärenz") und

- die Vermeidung von Regelungen, die bereits dort getroffen sind.

Somit wurden grundsätzlich nur die allgemein gehaltenen Regelungen der EG-, bzw. ab Maastricht EU-Richtlinien in das staatliche Arbeitsschutzrecht eingestellt.

Übersicht: Europäische Richtlinien über Mindestvorschriften zum Schutz von Sicherheit und Gesundheit der Arbeitnehmer

Nr.	Titel	Umzuset-zen bis	national umgesetzt durch
89/391/ EWG	Arbeitsschutz-**Rahmen**-RL vom12.06.1989 (ABl. EG Nr. L 183, S. 1)	31.12.92	**ArbSchG** 1996 vom 07.08.1996 (BGBl. I S. 1246); zuletzt geändert am 23.04.2004 (BGBl. I S. 602)
Einzelrichtlinien zur Rahmenrichtlinie im Sinne des Art. 16 Abs. 1 der Richtlinie 89/391/EWG bez.			**Verordnungen** zum betrieblichen Arbeitsschutz
89/654/ EWG	1. / **Arbeitsstätten** vom 30.11.1989 (ABl. EG Nr. L 393, S. 1)	31.12.92	**ArbStättV** vom 20.03.1975 (BGBl. I S. 729); zuletzt geändert am 27.09.2002 (BGBl. I S. 3777) **ArbStättV** 2004
89/655/ EWG	2./ Benutzung von **Arbeits-mitteln** vom 30.11.1989 (ABl. EG Nr. L 393, S.13); zuletzt geändert am 27.06.2001 (ABl. EG Nr. L 195, S. 46)	31.12.92	**AMBV** 1997 vom 11.03.1997 (BGBl. I S. 450); außer Kraft getreten am 27.09.2002 (BGBl. I S. 3777); ersetzt durch: **BetrSichV** 2002 vom 27.09.2002 (BGBl. I S. 3777); zuletzt geändert am 06.01.2004 (BGBl. I S. 2)
89/656/ EWG + **93/95**/ EWG	3. / Einzelrichtlinie vom 30.11.1989 (ABl. EG Nr. L 393, S. 18)	31.12.92, verl. zum 30.06.95	**PSA-BV** 1996 vom 04.12.1996 (BGBl. I S.1841)
90/269/ EWG	4. / manuelle Handhabung von **Lasten** vom 29.05.1990 (ABl. EG Nr. L 156, S. 9)	31.12.92	**LasthandhabV** 1996 vom 04.12.1996 (BGBl. I S. 1841); zuletzt geändert am 25.11.2003 (BGBl. I S. 2304)
90/270/ EWG	5. / Arbeit an **Bildschirmge-räten** vom 29.05.1990 (ABl. EG Nr. L 156, S. 14)	31.12.92	**BildScharbV** 1996 vom 04.12.1996 (BGBl. I S. 1843); zuletzt geändert am 25.11.2003 (BGBl. I S. 2304)

Nr.	Titel	Umzusetzen bis	national umgesetzt durch
90/394/ EWG	6. / Gefährdung durch **Karzinogene** bei der Arbeit vom 26.07.1990 (ABl. EG Nr. L 196, S. 1)	31.12.92	**GefStoffV** vom 15.11.1999 (BGBl. I S. 2233); zuletzt geändert am 25.11.2003 (BGBl. I S. 2304)
2000/54/ EG	7. / Gefährdung durch **biologische Arbeitsstoffe** bei der Arbeit vom 18.09.2000 (ABl. EG Nr. L 262, S. 21)	31.12.92	**BioStoffV** 1999 vom 27.01.1999 (BGBl. I S. 50); zuletzt geändert am 18.10.1999 (BGBl. I S. 2059)
92/57/ EWG	8. / **Baustellen** vom 26.08.1992 (ABl. EG Nr. L 245, S. 6)	31.12.93	**BaustellV** 1998 vom 10.06.1998 (BGBl. I S.1283) **ArbStättV** 2004
92/58/ EWG	9. / **Sicherheits- und / oder Gesundheitsschutzkennzeichnung** vom 26.08.1992 (ABl. EG Nr. L 245, S. 23)	24.06.94	[UVV VBG 125, 1995] vom 01.04.1995; zuletzt geändert am 01.01.2002 (BGV A 8, früher VBG 125) **ArbStättV** 2004
92/85/ EWG	10. / **schwangere Arbeitnehmerinnen, Wöchnerinnen und stillende Arbeitnehmerinnen** vom 19.10.1992 (ABl. EG Nr. L 348, S. 1)	18.10.94	**V zum Schutze der Mütter am Arbeitsplatz** 1997 vom 15.04.1997 (BGBl. I S. 782)
92/91/ EWG	11. / **Bohrungen** zur Gewinnung von Mineralien vom 28.11.1992 (ABl. EG Nr. L 348, S. 9)	02.11.94	Bergrecht: **ABBergV** 1996 vom 23.10.1995 (BGBl. I S. 1446); zuletzt geändert am 10.08.1998 (BGBl. I S. 2093)
92/104/ EWG	12. / **Steinbrüche, Bergwerke** vom 31.12.1992 (ABl. EG Nr. L 404, S. 10)	02.11.94	**ABBergV** 1996+ [VBG 42, 1997] UVV „Steinbrüche, Gräbereien und Halden" vom 01.04.1998 (früher VBG 42)
93/103/ EWG	13. / an Bord von **Fischereifahrzeugen** vom 13.12.1993 (ABl. EG Nr. 307, S. 1)	23.11.95	noch nicht

Nr.	Titel	Umzusetzen bis	national umgesetzt durch
2002/44/ EG	14. / physikalische Einwirkungen (**Vibrationen**) vom 25.06.2002 (ABl. EG Nr. L 177, S. 13)	06.07.05	noch nicht
2003/10/ EG	15. / physikalische Einwirkungen (**Lärm**) vom 06.02.2003 (ABl. EG Nr. L 42, S. 38)	15.02.06	[UVV Lärm = BGV B3] vom 01.01.1997, früher VBG 121
2004/40/ EG	16. / physikalische Einwirkungen (**elektromagnetische Felder**) vom 29.04.2004 (ABl. EG Nr. L 159, S. 1)	29.04.08	noch nicht

Für den Bereich der PSA erließ der Rat der Europäischen Gemeinschaften die Richtlinie 89/656/EWG vom 30.11.1989 über Mindestvorschriften bezüglich der Sicherheit und des Gesundheitsschutzes bei **Benutzung von persönlichen Schutzausrüstungen** durch Arbeitnehmer bei der Arbeit, die „EG-PSA-Benutzungs-Richtlinie" (ABl. EG Nr. L 393, S. 18). Da das deutsche Arbeitsschutzrecht bisher keine speziellen Regelungen für diesen Bereich enthielt, schuf die Bundesregierung zur Umsetzung dieser Richtlinie eine neue Vorschrift. Die Verordnung über Sicherheit und Gesundheitsschutz bei der Benutzung persönlicher Schutzausrüstungen durch Arbeitnehmer bei der Arbeit (PSA-Benutzungsverordnung – PSA-BV) wurde erlassen als Art. 1 der „Verordnung zur Umsetzung von EG-Einzelrichtlinien zur EG-Rahmenrichtlinie Arbeitsschutz vom 04.12.1996 (BGBl. I S. 1841)" und ist am 20.12.1996 in Kraft getreten. Detaillierte Festlegungen, z. B. wann ein Arbeitgeber welche PSA zur Verfügung zu stellen hat, enthielten schon vorher die autonomen Vorschriften der Unfallversicherungsträger, das Berufsgenossenschaftliche Vorschriften- und Regelwerk. Umfassende Informationen über Funktion, Auswahlkriterien, Benutzung, Instandhaltung und Ablegereife von PSA sind außer in den Unfallverhütungsvorschriften vor allem in BG-Regeln und BG-Informationen (früher Sicherheitsregeln genannt) zu finden.

Für den Bereich Arbeitsschutz beim **Einrichten und Betreiben von Arbeitsstätten** hat der Rat der Europäischen Gemeinschaften am 30.11.1989 die Richtlinie 89/654/EWG über Mindestvorschriften für Sicherheit und Gesundheitsschutz in Arbeitsstätten erlassen. Diese EG-Arbeitsstättenrichtlinie hatte weitgehend die deutsche ArbStättV zur Vorlage, insbesondere deren materielle Anforderungen. Die in der ArbStättV und den zugehörigen Arbeitsstätten-Richtlinien (ASR) enthaltenen konkreten Werte, z. B. für Mindestraumhöhen, maximale Raumtemperaturen und Lärmhöchstgrenzen, wurden dabei jedoch nicht übernommen, da ja EG-weit lediglich Mindeststandards festgelegt wurden. Darüber hinaus traf der Rat eine deutliche Abstufung der Anforderungen für neu zu errichtende Arbeitsstätten (Art. 3 und Anhang I) und bestehende Arbeitsstätten (Art. 4 und Anhang II). Zu den jeweiligen Unterschieden vgl. die Übersicht auf Seite 49.

Wie die anderen Art. 137-Richtlinien enthält diese europäische Arbeitsstättenrichtlinie eine **Frist**, bis zu der die nationale Umsetzung beim Rat der EG nachzuweisen war. Die ArbStättV war zu diesem Zeitpunkt seit ca. 20 Jahren in Kraft und bewährt; durch ihren Verweis auf weitere Regeln wie Unfallverhütungsvorschriften, allgemein anerkannte Regeln und gesicherte arbeitswissenschaftliche Erkenntnisse bot sie einen flexiblen materiellrechtlichen Rahmen. Deshalb verzichtete die Bundesregierung 1996 darauf, anlässlich der Umsetzungspflicht eine neue oder wesentlich überarbeitete Verordnung zu schaffen. Die gegenüber den EG-Mindestbestimmungen durchaus höheren Anforderungen waren auch aus der Sicht des Gemeinschaftsrechts gemäß Art. 137 (früher: Art. 118a) EGV zulässig. Im Gegensatz zur Bildschirmarbeit, dem manuellen Heben von Lasten, der Benutzung von Arbeitsmitteln und persönlichen Schutzausrüstungen wurden deshalb mit dem Art. 4 der „Verordnung zur Umsetzung der EG – Einzelrichtlinien zur EG-Rahmenrichtlinie Arbeitsschutz" vom 04.12.1996 (BGBl. I S. 1841) lediglich formelle Anpassungen der ArbStättV an das aktuelle EG-Recht vorgenommen. Dies geschah vor allem dadurch, dass sie auf das ArbSchG gestützt wurde.

Dennoch galt weiterhin, dass die „alten" Teile der ArbStättV auf der **Ermächtigungsnorm** Gewerbeordnung beruhten. Dies war die Situation bei den Anforderungen an Sozialräume; die Regelungen über zureichende Sanitär- und Erholungsräume hatten ihre Grundlage in § 120b GewO, der bei der Einführung des ArbSchG nicht außer Kraft gesetzt worden ist. Hier hatte die „alte" Ermächtigungsgrundlage weiterhin Bestand bis zur Änderung im Jahre 2002. Mit dem „Dritten Gesetz zur Änderung der Gewerbeordnung und sonstiger gewerberechtlicher Vorschriften" vom 24.08.2002 (BGBl. I S. 3410) wurde u. a. der § 120c GewO „Gemeinschaftsunterkünfte" zum 01.01.2003 außer Kraft gesetzt. Gleichzeitig wurde mit Art. 6 die ArbStättV insofern geändert, dass dort der bisherige Text als § 40a Gemeinschaftsunterkünfte eingefügt wurde.

IV. Der Weg zur neuen ArbstättV – eine mühsame Novelle

1. Chronologischer Ablauf

12.1996 **formelle Umsetzung der EG-Arbeitsstättenrichtlinie**
> lediglich **Geltungsbereich** über Gewerbebetriebe hinaus erweitert auf alle Betriebe, die Personen im Sinne des ArbSchG beschäftigen

24.08.2002 **3. Gesetz zur Änderung der GewO** (ab 01.01.2003)
Gemeinschaftsunterkünfte statt in § 120c GewO nunmehr in § 40a ArbStättV = reine Textverschiebung

27.09.2002 **Artikel-Verordnung zur Verbesserung der Betriebssicherheit** (ab 03.10.2002): **Nichtraucherschutz** in der ArbStättV (als § 3a) gilt jetzt für alle Arbeitsräume = Erweiterung über Sozialräume hinaus

Ende 2002 **Masterplan des BMWA** (Minister Clement) zum Bürokratieabbau; Nr. 7 der Liste:
ArbStättV soll flexibilisiert werden

Mitte 2003 **Henzlerkommission in Bayern** zum Bürokratieabbau:
u. a. **Freistellung für Kleinbetriebe** gefordert, z. B. von den Forderungen der ArbStättV

02.09.2003 **Bundesregierung beschließt:**
Entwurf zur Novellierung der Arbeitsstättenverordnung:
10 §§ + Anhang mit 14 Seiten
Entwurf und Begründung in BR-Drs. 627/03

Herbst 2003 Im Zuge der üblichen **Anhörung der Verbände** geben z. B. die Bundesvereinigung der Deutschen Arbeitgeberverbände und der Bundesverband der Deutschen Industrie eine gemeinsame Stellungnahme ab *(BDA/BDI)*, die Bundesarchitektenkammer *(BAK)*, der Bundesverband der Deutschen Entsorgungswirtschaft *(BDE)* und die IG Metall. Diese Voten sind teilweise im Kap.3 wiedergegeben.

18.09.2003 **Bayer. Entwurf** zur Arbeitsstättenverordnung
8 §§ + Anhang (= fast wie Regierungsentwurf)
= 1:1 – Umsetzung der EG-ArbStätt-RL
Entwurf und Begründung in BR-Drs. 666/03

25.11.2003	Anpassung auch der ArbStättV im Zuge der **„Hartz-Reformen"** durch Artikel 281 der 8. Zuständigkeitsanpassungsverordnung vom 25.11.2003 (BGBl. I S. 2304)
12.03.2004	**Bundesrat behandelt** BR-Drs. 666/03 als TOP 16: Beschluss: Zuleitung an Bundesregierung mit geringen Änderungen, damit die neue ArbStättV gemäß dem bayerischen Entwurf erlassen werden soll
20.04.2004	**BMWA legt einen modifizierten Entwurf vor** einer Artikel-ArbStättV mit Art. 1 „ArbStättV": 8 §§ + Anhang = BR-Entwurf, aber sogar noch mit einigen Streichungen bezüglich des Schutzes vor mechanischen Schwingungen und sonstigen Einwirkungen
21.04.2004	**Bundeskabinett beschließt** 34-Punkteliste für Deregulierung und Aufgabenabbau, u. a.: „ArbStättV vereinfachen, in Abstimmung mit dem Bundesrat"
26.05.2004	**Verabschiedung im Bundeskabinett**, Zuleitung an den Bundesrat als BR-Drs. 450/04
09.07.2004	**Behandlung im Bundesrat** als TOP 62 von 98 (ist die letzte Plenarsitzung vor der Sommerpause); weitere Änderungsanträge abgelehnt; Zustimmung gem. Artikel 80 Abs. 2 des Grundgesetzes ohne Änderungen (BR-Drs. 450/04 – Beschluss)
24.08.2004:	**Veröffentlichung im Bundesgesetzblatt (BGBl. Teil I)**, 1 Tag später tritt die „neue" ArbStättV in Kraft und die „alte" ArbStättV außer Kraft

2. Künftige Entwicklung

Vermutlich gibt es künftig statt der bisherigen **Arbeitsstättenrichtlinien (ASR)** zur Konkretisierung der **ArbStättV Technische Regeln für Arbeitsstätten** („RAS" oder „TRA"*), aufgestellt vom paritätisch besetzten Ausschuss (mit Vertretern von Arbeitgebern, Gewerkschaften, Gewerbeaufsicht und Berufsgenossenschaften – ähnlich der Konzipierung von Regeln zum Arbeitsschutz auf Baustellen – „RAB's" zur BaustellV von 2000–2003).

Die aktuellen ASR gelten gem. § 8 Abs. 2 einstweilen weiter, bis solche neue Regeln da sind, maximal jedoch 6 Jahre, also bis spätestens September 2010 (vgl. die Übersicht auf Seite 24.

---

*) vgl. Fußnote S. 24

Einige Links zur Novellierung (Stand 26.07.2004):

- www.arbeitsrecht-fa.de: Entwurf der novellierten ArbStättV
- www.aus-portal.de/aktuell/gesetze: Aktuell: Gesetzgebung, ArbStättV (12.07.2004). Flexibilisierung und Entbürokratisierung
- www.aus-portal.de/aktuell: BDA/BDI-Stellungnahme zum Kabinettsentwurf „Novellierung der ArbStättV" (Entwurf vom 02.09.2003)
- www.baulinks.de: Kabinett beschließt neue Arbeitsstättenverordnung
- www.bda-online.de: BDA/BDI-Stellungnahme zum Kabinettsentwurf „Novellierung der Arbeitsstättenverordnung" (Entwurf vom 26.05.2004)
- www.bmwa.bund.de: Novellierung der Arbeitsstättenverordnung (ArbStättV) Begründung zum Gesetzentwurf
- www.bmwi.de: BMWA – Arbeitsschutz – Novellierung der ArbStättV
- www.bundesregierung.de: Kabinett beschließt neue ArbStättV (26.05.2004)
- www.gesa.de: Kabinett beschließt neue ArbStättV (22.06.2004)
- www.handwerk-info.de/artikel: Das Bundeskabinett hat den Entwurf für eine modernisierte ArbStättV vorgelegt
- www.hvbg.de: ArbStättV auf dem Prüfstand.
- Berufsgenossenschaften mahnen konsequenten Bürokratieabbau an (05.09.2003)
- www.netinform.de/Vorschriften/ BetrSichV: Artikel 7 Änderung der Arbeitsstättenverordnung
- www.personal-magazin.de: Bundeskabinett beschließt am 02.09.2003 den Entwurf zur Modernisierung der Arbeitsstättenverordnung
- www.pro-mittelstand.org: BMWA – Mittelstandsoffensive Dem Mittelstand den Weg in die Zukunft sichern. Modernisierung der ArbStättV
- www.sozialnetz.de: Beschluss des Bundesrates zur neuen ArbStättV
- www.staat-modern.de: Bürokratieabbau. Modernisierung der ArbStättV.

B. Text der neuen ArbStättV

Verordnung über Arbeitsstätten (Arbeitsstättenverordnung – ArbStättV)[1]

vom 12.08.2004 (BGBl. I S. 2179)

[1]Diese Verordnung dient der Umsetzung

1. der EG-Richtlinie 89/654/EWG des Rates vom 30. November 1989 über Mindestvorschriften für Sicherheit und Gesundheitsschutz in Arbeitsstätten (Erste Einzelrichtlinie im Sinne des Artikels 16 Absatz 1 der Richtlinie 89/391/EWG) (ABl. EG Nr. L 393, S. 1) und

2. der Richtlinie 92/58/EWG des Rates vom 24. Juni 1992 über Mindestvorschriften für die Sicherheits- und/oder Gesundheitsschutzkennzeichnung am Arbeitsplatz (Neunte Einzelrichtlinie im Sinne des Artikels 16 Absatz 1 der Richtlinie 89/391/EWG) (ABl. EG Nr. L 245, S. 23) und

3. des Anhangs IV (Mindestvorschriften für Sicherheit und Gesundheitsschutz auf Baustellen) der Richtlinie 92/57/EWG des Rates vom 24. Juni 1992 über die auf zeitlich begrenzte oder ortsveränderliche Baustellen anzuwendenden Mindestvorschriften für Sicherheit und Gesundheitsschutz (Achte Einzelrichtlinie im Sinne des Artikels 16 Absatz 1 der Richtlinie 89/391/EWG) (ABl. EG Nr. L 245, S. 6).

Inhaltsübersicht

§ 1 Ziel, Anwendungsbereich

(1) Diese Verordnung dient der Sicherheit und dem Gesundheitsschutz der Beschäftigten beim Einrichten und Betreiben von Arbeitsstätten.

(2) Diese Verordnung gilt nicht für Arbeitsstätten in Betrieben, die dem Bundesberggesetz unterliegen, und mit Ausnahme von § 5 nicht

1. im Reisegewerbe und Marktverkehr,

2. in Transportmitteln, sofern diese im öffentlichen Verkehr eingesetzt werden,

3. für Felder, Wälder und sonstige Flächen, die zu einem land- oder forstwirtschaftlichen Betrieb gehören, aber außerhalb seiner bebauten Fläche liegen.

(3) Das Bundeskanzleramt, das Bundesministerium des Innern, das Bundesministerium für Verkehr, Bau- und Wohnungswesen, das Bundesministerium der Verteidigung oder das Bundesministerium der Finanzen können, soweit sie hierfür jeweils zuständig sind, im Einvernehmen mit dem Bundesministerium für Wirtschaft und Arbeit und, soweit nicht das Bundesministerium des Innern selbst zuständig ist, im Einvernehmen mit dem Bundesministerium des Innern Ausnahmen von den Vorschriften dieser Verordnung zulassen, soweit öffentliche Belange dies zwingend erfordern, insbesondere zur Aufrechterhaltung oder Wiederherstellung der öffentlichen Sicherheit. In diesem Fall ist gleichzeitig festzulegen, wie die Sicherheit und der Gesundheitsschutz der Beschäftigten nach dieser Verordnung auf andere Weise gewährleistet werden.

§ 2 Begriffsbestimmungen

(1) Arbeitsstätten sind:

1. Orte in Gebäuden oder im Freien, die sich auf dem Gelände eines Betriebes oder einer Baustelle befinden und die zur Nutzung für Arbeitsplätze vorgesehen sind,

2. andere Orte in Gebäuden oder im Freien, die sich auf dem Gelände eines Betriebes oder einer Baustelle befinden und zu denen Beschäftigte im Rahmen ihrer Arbeit Zugang haben.

(2) Arbeitsplätze sind Bereiche von Arbeitsstätten, in denen sich Beschäftigte bei der von ihnen auszuübenden Tätigkeit regelmäßig über einen längeren Zeitraum oder im Verlauf der täglichen Arbeitszeit nicht nur kurzfristig aufhalten müssen.

(3) Arbeitsräume sind die Räume, in denen Arbeitsplätze innerhalb von Gebäuden dauerhaft eingerichtet sind.

(4) Zur Arbeitsstätte gehören auch:

1. Verkehrswege, Fluchtwege, Notausgänge

2. Lager-, Maschinen- und Nebenräume,

3. Sanitärräume (Umkleide-, Wasch- und Toilettenräume),

4. Pausen- und Bereitschaftsräume,

5. Erste-Hilfe-Räume,

6. Unterkünfte.

Zur Arbeitsstätte gehören auch Einrichtungen, soweit für diese in dieser Verordnung besondere Anforderungen gestellt werden und sie dem Betrieb der Arbeitsstätte dienen.

(5) Einrichten ist die Bereitstellung und Ausgestaltung der Arbeitsstätte. Das Einrichten umfasst insbesondere:

1. bauliche Maßnahmen oder Veränderungen,

2. Ausstatten mit Maschinen, Anlagen, Mobiliar, anderen Arbeitsmitteln sowie Beleuchtungs-, Lüftungs-, Heizungs-, Feuerlösch- und Versorgungseinrichtungen,

3. Anlegen und Kennzeichnen von Verkehrs- und Fluchtwegen, Kennzeichnen von Gefahrenstellen und brandschutztechnischen Ausrüstungen,

4. Festlegen von Arbeitsplätzen.

(6) Betreiben von Arbeitsstätten umfasst das Benutzen und Instandhalten der Arbeitsstätte.

§ 3 Einrichten und Betreiben von Arbeitsstätten

(1) Der Arbeitgeber hat dafür zu sorgen, dass Arbeitsstätten den Vorschriften dieser Verordnung einschließlich ihres Anhanges entsprechend so eingerichtet und betrieben werden, dass von ihnen keine Gefährdungen für die Sicherheit und die Gesundheit der Beschäftigten ausgehen. Der Arbeitgeber hat die vom Bundesministerium für Wirtschaft und Arbeit nach § 7 Abs. 4 bekannt gemachten Regeln für Arbeitsstätten zu berücksichtigen. Bei Einhaltung der im Satz 2 genannten Regeln ist davon auszugehen, dass die in der Verordnung gestellten Anforderungen diesbezüglich erfüllt sind. Wendet der Arbeitgeber die Regeln nicht an, muss er durch andere Maßnahmen die gleiche Sicherheit und den gleichen Gesundheitsschutz der Beschäftigten erreichen.

(2) Beschäftigt der Arbeitgeber Menschen mit Behinderungen, hat er Arbeitsstätten so einzurichten und zu betreiben, dass die besonderen Be-

lange dieser Beschäftigten im Hinblick auf Sicherheit und Gesundheitsschutz berücksichtigt werden. Dies gilt insbesondere für die barrierefreie Gestaltung von Arbeitsplätzen sowie von zugehörigen Türen, Verkehrswegen, Fluchtwegen, Notausgängen, Treppen, Orientierungssystemen, Waschgelegenheiten und Toilettenräumen.

(3) Die zuständige Behörde kann auf schriftlichen Antrag des Arbeitgebers Ausnahmen von den Vorschriften dieser Verordnung einschließlich ihres Anhanges zulassen, wenn

1. der Arbeitgeber andere, ebenso wirksame Maßnahmen trifft oder

2. die Durchführung der Vorschrift im Einzelfall zu einer unverhältnismäßigen Härte führen würde und die Abweichung mit dem Schutz der Beschäftigten vereinbar ist.

Bei der Beurteilung sind die Belange der kleineren Betriebe besonders zu berücksichtigen.

(4) Soweit in anderen Rechtsvorschriften, insbesondere dem Bauordnungsrecht der Länder, Anforderungen gestellt werden, bleiben diese Vorschriften unberührt.

§ 4 Besondere Anforderungen an das Betreiben von Arbeitsstätten

(1) Der Arbeitgeber hat die Arbeitsstätte instand zu halten und dafür zu sorgen, dass festgestellte Mängel unverzüglich beseitigt werden. Können Mängel, mit denen eine unmittelbare erhebliche Gefahr verbunden ist, nicht sofort beseitigt werden, ist die Arbeit insoweit einzustellen.

(2) Der Arbeitgeber hat dafür zu sorgen, dass Arbeitsstätten den hygienischen Erfordernissen entsprechend gereinigt werden. Verunreinigungen und Ablagerungen, die zu Gefährdungen führen können, sind unverzüglich zu beseitigen.

(3) Der Arbeitgeber hat Sicherheitseinrichtungen zur Verhütung oder Beseitigung von Gefahren, insbesondere Sicherheitsbeleuchtungen, Feuerlöscheinrichtungen, Signalanlagen, Notaggregate und Notschalter sowie raumlufttechnische Anlagen, in regelmäßigen Abständen sachgerecht warten und auf ihre Funktionsfähigkeit prüfen zu lassen.

(4) Verkehrswege, Fluchtwege und Notausgänge müssen ständig freigehalten werden, damit sie jederzeit benutzt werden können. Der Arbeitgeber hat Vorkehrungen zu treffen, dass sich die Beschäftigten bei Gefahr unverzüglich in Sicherheit bringen und schnell gerettet werden können. Der Arbeitgeber hat einen Flucht- und Rettungsplan aufzustellen, wenn Lage, Ausdehnung und Art der Benutzung der Arbeitsstätte dies erfordern. Der Plan ist an geeigneten Stellen in der Arbeitsstätte

auszulegen oder auszuhängen. In angemessenen Zeitabständen ist entsprechend dieses Planes zu üben.

(5) Der Arbeitgeber hat Mittel und Einrichtungen zur ersten Hilfe zur Verfügung zu stellen und diese regelmäßig auf ihre Vollständigkeit und Verwendungsfähigkeit prüfen zu lassen.

§ 5 Nichtraucherschutz

(1) Der Arbeitgeber hat die erforderlichen Maßnahmen zu treffen, damit die nichtrauchenden Beschäftigten in Arbeitsstätten wirksam vor den Gesundheitsgefahren durch Tabakrauch geschützt sind.

(2) In Arbeitsstätten mit Publikumsverkehr hat der Arbeitgeber Schutzmaßnahmen nach Absatz 1 nur insoweit zu treffen, als die Natur des Betriebes und die Art der Beschäftigung es zulassen.

§ 6 Arbeitsräume, Sanitärräume, Pausen- und Bereitschaftsräume, Erste-Hilfe-Räume, Unterkünfte

(1) Der Arbeitgeber hat solche Arbeitsräume bereitzustellen, die eine ausreichende Grundfläche und Höhe sowie einen ausreichenden Luftraum aufweisen.

(2) Der Arbeitgeber hat Toilettenräume bereit zu stellen. Wenn es die Art der Tätigkeit oder gesundheitliche Gründe erfordern, sind Waschräume vorzusehen. Geeignete Umkleideräume sind zur Verfügung zu stellen, wenn die Beschäftigten bei ihrer Tätigkeit besondere Arbeitskleidung tragen müssen und es ihnen nicht zuzumuten ist, sich in einem anderen Raum umzukleiden. Umkleide-, Wasch- und Toilettenräume sind für Männer und Frauen getrennt einzurichten oder es ist eine getrennte Nutzung zu ermöglichen. Bei Arbeiten im Freien und auf Baustellen mit wenigen Beschäftigten sind Waschgelegenheiten und abschließbare Toiletten ausreichend.

(3) Bei mehr als zehn Beschäftigten, oder wenn Sicherheits- oder Gesundheitsgründe dies erfordern, ist den Beschäftigten ein Pausenraum oder ein entsprechender Pausenbereich zur Verfügung zu stellen. Dies gilt nicht, wenn die Beschäftigten in Büroräumen oder vergleichbaren Arbeitsräumen beschäftigt sind und dort gleichwertige Voraussetzungen für eine Erholung während der Pause gegeben sind. Fallen in die Arbeitszeit regelmäßig und häufig Arbeitsbereitschaftszeiten oder Arbeitsunterbrechungen und sind keine Pausenräume vorhanden, so sind für die Beschäftigten Räume für Bereitschaftszeiten einzurichten. Schwangere Frauen und stillende Mütter müssen sich während der

Pausen und, soweit es erforderlich ist, auch während der Arbeitszeit unter geeigneten Bedingungen hinlegen und ausruhen können.

(4) Erste-Hilfe-Räume oder vergleichbare Einrichtungen müssen entsprechend der Unfallgefahren oder der Anzahl der Beschäftigten, der Art der ausgeübten Tätigkeiten sowie der räumlichen Größe der Betriebe vorhanden sein.

(5) Für Beschäftigte auf Baustellen hat der Arbeitgeber Unterkünfte bereitzustellen, wenn Sicherheits- oder Gesundheitsgründe, insbesondere wegen der Art der ausgeübten Tätigkeit oder der Anzahl der im Betrieb beschäftigten Personen und die Abgelegenheit der Baustelle dies erfordern und ein anderweitiger Ausgleich vom Arbeitgeber nicht geschaffen ist.

(6) Für Sanitärräume, Pausen- und Bereitschaftsräume, Erste-Hilfe-Räume und Unterkünfte nach den Absätzen 2 bis 5 gilt Absatz 1 entsprechend.

§ 7 Ausschuss für Arbeitsstätten

(1) Beim Bundesministerium für Wirtschaft und Arbeit wird ein Ausschuss für Arbeitsstätten gebildet, der sich aus folgenden sachverständigen Mitgliedern zusammensetzt:

zwei Vertreter der privaten Arbeitgeber,

ein Vertreter der öffentlichen Arbeitgeber,

drei Vertreter der für die Verordnung zuständigen Landesbehörden,

drei Vertreter der Gewerkschaften,

drei Vertreter der Unfallversicherungsträger,

drei sachverständige Personen, insbesondere aus der Wissenschaft.

Die Mitgliedschaft ist ehrenamtlich.

(2) Das Bundesministerium für Wirtschaft und Arbeit beruft, soweit möglich auf Vorschlag der entsprechenden Verbände und Körperschaften, die Mitglieder des Ausschusses und für jedes Mitglied einen Stellvertreter. Der Ausschuss gibt sich eine Geschäftsordnung und wählt den Vorsitzenden aus seiner Mitte. Die Geschäftsordnung und die Wahl des Vorsitzenden bedürfen der Zustimmung des Bundesministeriums für Wirtschaft und Arbeit.

(3) Zu den Aufgaben des Ausschusses gehört es,

1. Regeln zu ermitteln, wie die in dieser Verordnung gestellten Anforderungen erfüllt werden können und

2. das Bundesministerium für Wirtschaft und Arbeit in Fragen der Sicherheit und des Gesundheitsschutzes in Arbeitsstätten zu beraten.

Bei der Wahrnehmung seiner Aufgaben soll der Ausschuss die allgemeinen Grundsätze des Arbeitsschutzes nach § 4 des Arbeitsschutzgesetzes berücksichtigen.

(4) Das Bundesministerium für Wirtschaft und Arbeit kann die vom Ausschuss nach Absatz 3 ermittelten Regeln bekannt machen.

(5) Die Bundesministerien sowie die zuständigen obersten Landesbehörden können zu den Sitzungen des Ausschusses Vertreter entsenden. Diesen ist auf Verlangen in der Sitzung das Wort zu erteilen.

(6) Die Geschäfte des Ausschusses führt die Bundesanstalt für Arbeitsschutz und Arbeitsmedizin.

§ 8 Übergangsvorschriften

(1) Soweit für Arbeitsstätten,

1. die am 1. Mai 1976 errichtet waren oder mit deren Einrichtung vor diesem Zeitpunkt begonnen worden war oder

2. die am 20. Dezember 1996 eingerichtet waren oder mit deren Einrichtung vor diesem Zeitpunkt begonnen worden war und für die zum Zeitpunkt der Einrichtung die Gewerbeordnung keine Anwendung fand,

in dieser Verordnung Anforderungen gestellt werden, die umfangreiche Änderungen der Arbeitsstätte, der Betriebseinrichtungen, Arbeitsverfahren oder Arbeitsabläufe notwendig machen, gelten hierfür nur die entsprechenden Anforderungen des Anhangs II der Richtlinie 89/654/EWG des Rates vom 30. November 1989 über Mindestvorschriften für Sicherheit und Gesundheitsschutz in Arbeitsstätten (ABl. EG Nr. L 393 S. 1). Soweit diese Arbeitsstätten oder ihre Betriebseinrichtungen wesentlich erweitert oder umgebaut oder die Arbeitsverfahren oder Arbeitsabläufe wesentlich umgestaltet werden, hat der Arbeitgeber die erforderlichen Maßnahmen zu treffen, damit diese Änderungen, Erweiterungen oder Umgestaltungen mit den Anforderungen dieser Verordnung übereinstimmen.

(2) Die im Bundesarbeitsblatt bekannt gemachten Arbeitsstättenrichtlinien gelten bis zur Überarbeitung durch den Ausschuss für Arbeitsstätten und der Bekanntmachung entsprechender Regeln durch das Bundesministerium für Wirtschaft und Arbeit, längstens jedoch sechs Jahre nach In-Kraft-Treten dieser Verordnung, fort.

Anhang   Anforderungen an Arbeitsstätten nach § 3 Abs. 1

Inhaltsübersicht

5 Ergänzende Anforderungen an besondere Arbeitsstätten

5.1 Nicht allseits umschlossene und im Freien liegende Arbeitsstätten

5.2 Zusätzliche Anforderungen an Baustellen

Die nachfolgenden Anforderungen gelten in allen Fällen, in denen die Eigenschaften der Arbeitsstätte oder der Tätigkeit, die Umstände oder eine Gefahr dies erfordern.

Die Rechtsvorschriften, die in Umsetzung des Artikels 95 EG-Vertrag Anforderungen an die Beschaffenheit von Arbeitsmitteln stellen, bleiben unberührt.

1 Allgemeine Anforderungen

1.1 Konstruktion und Festigkeit von Gebäuden

Gebäude für Arbeitsstätten müssen eine der Nutzungsart entsprechende Konstruktion und Festigkeit aufweisen.

1.2 Abmessungen von Räumen, Luftraum

(1) Arbeitsräume müssen eine ausreichende Grundfläche und eine, in Abhängigkeit von der Größe der Grundfläche der Räume, ausreichende lichte Höhe aufweisen, so dass die Beschäftigten ohne Beeinträchtigung ihrer Sicherheit, ihrer Gesundheit oder ihres Wohlbefindens ihre Arbeit verrichten können.

(2) Die Abmessungen aller weiteren Räume richten sich nach der Art ihrer Nutzung.

(3) Die Größe des notwendigen Luftraumes ist in Abhängigkeit von der Art der körperlichen Beanspruchung und der Anzahl der Beschäftigten sowie der sonstigen anwesenden Personen zu bemessen.

1.3 Sicherheits- und Gesundheitsschutzkennzeichnung

(1) Unberührt von den nachfolgenden Anforderungen sind Sicherheits- und Gesundheitsschutzkennzeichnungen einzusetzen, wenn Risiken für Sicherheit und Gesundheit nicht durch technische oder organisatorische Maßnahmen vermieden oder ausreichend begrenzt werden können. Die Ergebnisse der Gefährdungsbeurteilung sind dabei zu berücksichtigen.

(2) Die Kennzeichnung ist an geeigneten Stellen deutlich erkennbar anzubringen. Sie ist dabei nach der Art der Gefährdung dauerhaft oder vorübergehend nach den Vorgaben der Richtlinie 92/58/EWG des Rates

vom 24. Juni 1992 über Mindestvorschriften für die Sicherheits- und/ oder Gesundheitsschutzkennzeichnung am Arbeitsplatz (Neunte Einzelrichtlinie im Sinne von Artikel 16 Absatz 1 der Richtlinie 89/391/EWG) (ABl. EG Nr. L 245, S. 23) auszuführen. Diese Richtlinie ist in der jeweils geltenden Fassung anzuwenden. Wird diese Richtlinie geändert oder nach den in dieser Richtlinie vorgesehenen Verfahren an den technischen Fortschritt angepasst, gilt sie in der geänderten im Amtsblatt der Europäischen Gemeinschaften veröffentlichten Fassung nach Ablauf der in der Änderungs- oder Anpassungsrichtlinie festgelegten Umsetzungsfrist. Die geänderte Fassung kann bereits ab In-Kraft-Treten der Änderungs- oder Anpassungsrichtlinie angewendet werden.

1.4 Energieverteilungsanlagen

Anlagen, die der Versorgung der Arbeitsstätte mit Energie dienen, müssen so ausgewählt, installiert und betrieben werden, dass die Beschäftigten vor Unfallgefahren durch direktes oder indirektes Berühren spannungsführender Teile geschützt sind und dass von den Anlagen keine Brand- oder Explosionsgefahr ausgeht. Bei der Konzeption und der Ausführung sowie der Wahl des Materials und der Schutzvorrichtungen sind Art und Stärke der verteilten Energie, die äußeren Einwirkbedingungen und die Fachkenntnisse der Personen zu berücksichtigen, die zu Teilen der Anlage Zugang haben.

1.5 Fußböden, Wände, Decken, Dächer

(1) Die Oberflächen der Fußböden, Wände und Decken müssen so beschaffen sein, dass sie den Erfordernissen des Betreibens entsprechen und leicht zu reinigen sind. An Arbeitsplätzen müssen die Arbeitsstätten unter Berücksichtigung der Art des Betriebes und der körperlichen Tätigkeit eine ausreichende Dämmung gegen Wärme und Kälte sowie eine ausreichende Isolierung gegen Feuchtigkeit aufweisen.

(2) Die Fußböden der Räume dürfen keine Unebenheiten, Löcher, Stolperstellen oder gefährlichen Schrägen aufweisen. Sie müssen gegen Verrutschen gesichert, tragfähig, trittsicher und rutschhemmend sein.

(3) Durchsichtige oder lichtdurchlässige Wände, insbesondere Ganzglaswände im Bereich von Arbeitsplätzen oder Verkehrswegen, müssen deutlich gekennzeichnet sein und aus bruchsicherem Werkstoff bestehen oder so gegen die Arbeitsplätze und Verkehrswege abgeschirmt sein, dass die Beschäftigten nicht mit den Wänden in Berührung kommen und beim Zersplittern der Wände nicht verletzt werden können.

(4) Dächer aus nicht durchtrittsicherem Material dürfen nur betreten werden, wenn Ausrüstungen vorhanden sind, die ein sicheres Arbeiten ermöglichen.

1.6 Fenster, Oberlichter

(1) Fenster, Oberlichter und Lüftungsvorrichtungen müssen sich von den Beschäftigten sicher öffnen, schließen, verstellen und arretieren lassen. Sie dürfen nicht so angeordnet sein, dass sie in geöffnetem Zustand eine Gefahr für die Beschäftigten darstellen.

(2) Fenster und Oberlichter müssen so ausgewählt oder ausgerüstet und eingebaut sein, dass sie ohne Gefährdung der Ausführenden und anderer Personen gereinigt werden können.

1.7 Türen, Tore

(1) Die Lage, Anzahl, Abmessungen und Ausführung insbesondere hinsichtlich der verwendeten Werkstoffe von Türen und Toren müssen sich nach der Art und Nutzung der Räume oder Bereiche richten.

(2) Durchsichtige Türen müssen in Augenhöhe gekennzeichnet sein.

(3) Pendeltüren und -tore müssen durchsichtig sein oder ein Sichtfenster haben.

(4) Bestehen durchsichtige oder lichtdurchlässige Flächen von Türen und Toren nicht aus bruchsicherem Werkstoff und ist zu befürchten, dass sich die Beschäftigten beim Zersplittern verletzen können, sind diese Flächen gegen Eindrücken zu schützen.

(5) Schiebetüren und -tore müssen gegen Ausheben und Herausfallen gesichert sein. Türen und Tore, die sich nach oben öffnen, müssen gegen Herabfallen gesichert sein.

(6) In unmittelbarer Nähe von Toren, die vorwiegend für den Fahrzeugverkehr bestimmt sind, müssen gut sichtbar gekennzeichnete, stets zugängliche Türen für Fußgänger vorhanden sein. Diese Türen sind nicht erforderlich, wenn der Durchgang durch die Tore für Fußgänger gefahrlos möglich ist.

(7) Kraftbetätigte Türen und Tore müssen sicher benutzbar sein. Dazu gehört, dass sie

a) ohne Gefährdung der Beschäftigten bewegt oder zum Stillstand kommen können,

b) mit selbsttätig wirkenden Sicherungen ausgestattet sind,

c) auch von Hand zu öffnen sind, sofern sie sich bei Stromausfall nicht automatisch öffnen.

(8) Besondere Anforderungen gelten für Türen im Verlauf von Fluchtwegen (Ziffer 2.3).

1.8 Verkehrswege

(1) Verkehrswege, einschließlich Treppen, fest angebrachte Steigleitern und Laderampen müssen so angelegt und bemessen sein, dass sie je nach ihrem Bestimmungszweck leicht und sicher begangen oder befahren werden können und in der Nähe Beschäftigte nicht gefährdet werden.

(2) Die Bemessung der Verkehrswege, die dem Personenverkehr, Güterverkehr oder Personen- und Güterverkehr dienen, muss sich nach der Anzahl der möglichen Benutzer und der Art des Betriebes richten.

(3) Werden Transportmittel auf Verkehrswegen eingesetzt, muss für Fußgänger ein ausreichender Sicherheitsabstand gewahrt werden.

(4) Verkehrswege für Fahrzeuge müssen an Türen und Toren, Durchgängen, Fußgängerwegen und Treppenaustritten in ausreichendem Abstand vorbeiführen.

(5) Soweit Nutzung und Einrichtung der Räume es zum Schutz der Beschäftigten erfordern, müssen die Begrenzungen der Verkehrswege gekennzeichnet sein.

(6) Besondere Anforderungen gelten für Fluchtwege (Ziffer 2.3).

1.9 Fahrtreppen, Fahrsteige

Fahrtreppen und Fahrsteige müssen so ausgewählt und installiert sein, dass sie sicher funktionieren und sicher benutzbar sind. Dazu gehört, dass die Notbefehlseinrichtungen gut erkennbar und leicht zugänglich sind und nur solche Fahrtreppen und Fahrsteige eingesetzt werden, die mit den notwendigen Sicherheitsvorrichtungen ausgestattet sind.

1.10 Laderampen

(1) Laderampen sind entsprechend den Abmessungen der Transportmittel und der Ladung auszulegen.

(2) Sie müssen mindestens einen Abgang haben, lange Laderampen müssen, soweit betriebstechnisch möglich, an jedem Endbereich einen Abgang haben.

(3) Sie müssen einfach und sicher benutzbar sein. Dazu gehört, dass sie nach Möglichkeit mit Schutzvorrichtungen gegen Absturz auszurüsten sind; das gilt insbesondere in Bereichen von Laderampen, die keine ständigen Be- und Entladestellen sind.

1.11 Steigleitern, Steigeisengänge

Steigleitern und Steigeisengänge müssen sicher benutzbar sein. Dazu gehört, dass sie

a) nach Notwendigkeit über Schutzvorrichtungen gegen Absturz, vorzugsweise über Steigschutzeinrichtungen verfügen,

b) an ihren Austrittsstellen eine Haltevorrichtung haben,

c) nach Notwendigkeit in angemessenen Abständen mit Ruhebühnen ausgerüstet sind.

2 Maßnahmen zum Schutz vor besonderen Gefahren

2.1 Schutz vor Absturz und herabfallenden Gegenständen, Betreten von Gefahrenbereichen

Arbeitsplätze und Verkehrswege, bei denen die Gefahr des Absturzes von Beschäftigten oder des Herabfallens von Gegenständen bestehen oder die an Gefahrenbereiche grenzen, müssen mit Einrichtungen versehen sein, die verhindern, dass Beschäftigte abstürzen oder durch herabfallende Gegenstände verletzt werden oder in die Gefahrenbereiche gelangen. Arbeitsplätze und Verkehrswege nach Satz 1 müssen gegen unbefugtes Betreten gesichert und gut sichtbar als Gefahrenbereich gekennzeichnet sein. Zum Schutz derjenigen, die diese Bereiche betreten müssen, sind geeignete Maßnahmen zu treffen.

2.2 Schutz vor Entstehungsbränden

(1) Arbeitsstätten müssen je nach

a) Abmessung und Nutzung,

b) der Brandgefährdung vorhandener Einrichtungen und Materialien,

c) der größtmöglichen Anzahl anwesender Personen

mit einer ausreichenden Anzahl geeigneter Feuerlöscheinrichtungen und erforderlichenfalls Brandmeldern und Alarmanlagen ausgestattet sein.

(2) Nicht selbsttätige Feuerlöscheinrichtungen müssen als solche dauerhaft gekennzeichnet, leicht zu erreichen und zu handhaben sein.

(3) Selbsttätig wirkende Feuerlöscheinrichtungen müssen mit Warneinrichtungen ausgerüstet sein, wenn bei ihrem Einsatz Gefahren für die Beschäftigten auftreten können.

2.3 Fluchtwege und Notausgänge

(1) Fluchtwege und Notausgänge müssen

a) sich in Anzahl, Anordnung und Abmessung nach der Nutzung, der Einrichtung und den Abmessungen der Arbeitsstätte sowie nach der höchstmöglichen Anzahl der dort anwesenden Personen richten,

b) auf möglichst kurzem Weg ins Freie oder, falls dies nicht möglich ist, in einen gesicherten Bereich führen,

c) in angemessener Form und dauerhaft gekennzeichnet sein.

Sie sind mit einer Sicherheitsbeleuchtung auszurüsten, wenn das gefahrlose Verlassen der Arbeitsstätte für die Beschäftigten, insbesondere bei Ausfall der allgemeinen Beleuchtung, nicht gewährleistet ist.

(2) Türen im Verlauf von Fluchtwegen oder Türen von Notausgängen müssen

a) sich von innen ohne besondere Hilfsmittel jederzeit leicht öffnen lassen, solange sich Beschäftigte in der Arbeitsstätte befinden,

b) in angemessener Form und dauerhaft gekennzeichnet sein.

Türen von Notausgängen müssen sich nach außen öffnen lassen. In Notausgängen sind Karussell- und Schiebetüren nicht zulässig.

3 Arbeitsbedingungen

3.1 Bewegungsfläche

(1) Die freie unverstellte Fläche am Arbeitsplatz muss so bemessen sein, dass sich die Beschäftigten bei ihrer Tätigkeit ungehindert bewegen können.

(2) Ist dies nicht möglich, muss den Beschäftigten in der Nähe des Arbeitsplatzes eine andere ausreichend große Bewegungsfläche zur Verfügung stehen.

3.2 Anordnung der Arbeitsplätze

Arbeitsplätze sind in der Arbeitsstätte so anzuordnen, dass Beschäftigte

a) sie sicher erreichen und verlassen können,

b) sich bei Gefahr schnell in Sicherheit bringen können,

c) durch benachbarte Arbeitsplätze, Transporte oder Einwirkungen von außerhalb nicht gefährdet werden.

3.3 Ausstattung

Jedem Beschäftigten muss mindestens eine Kleiderablage zur Verfügung stehen, sofern Umkleideräume nach § 6 Abs. 2 Satz 3 nicht vorhanden sind.

3.4 Beleuchtung und Sichtverbindung

(1) Die Arbeitsstätten müssen möglichst ausreichend Tageslicht erhalten und mit Einrichtungen für eine der Sicherheit und dem Gesundheitsschutz der Beschäftigten angemessenen künstlichen Beleuchtung ausgestattet sein.

(2) Die Beleuchtungsanlagen sind so auszuwählen und anzuordnen, dass sich dadurch keine Unfall- oder Gesundheitsgefahren ergeben können.

(3) Arbeitsstätten, in denen die Beschäftigten bei Ausfall der Allgemeinbeleuchtung Unfallgefahren ausgesetzt sind, müssen eine ausreichende Sicherheitsbeleuchtung haben.

3.5 Raumtemperatur

(1) In Arbeits-, Pausen-, Bereitschafts-, Sanitär-, Kantinen- und Erste-Hilfe-Räumen, in denen aus betriebstechnischer Sicht keine spezifischen Anforderungen an die Raumtemperatur gestellt werden, muss während der Arbeitszeit unter Berücksichtigung der Arbeitsverfahren, der körperlichen Beanspruchung der Beschäftigten und des spezifischen Nutzungszwecks des Raumes eine gesundheitlich zuträgliche Raumtemperatur bestehen.

(2) Fenster, Oberlichter und Glaswände müssen je nach Art der Arbeit und der Arbeitsstätte eine Abschirmung der Arbeitsstätten gegen übermäßige Sonneneinstrahlung ermöglichen.

3.6 Lüftung

(1) In umschlossenen Arbeitsräumen muss unter Berücksichtigung der Arbeitsverfahren, der körperlichen Beanspruchung und der Anzahl der Beschäftigten sowie der sonstigen anwesenden Personen ausreichend gesundheitlich zuträgliche Atemluft vorhanden sein.

(2) Ist für das Betreiben von Arbeitsstätten eine raumlufttechnische Anlage erforderlich, muss diese jederzeit funktionsfähig sein. Eine Störung muss durch eine selbsttätige Warneinrichtung angezeigt werden. Es müssen Vorkehrungen getroffen sein, durch die die Beschäftigten im Fall einer Störung gegen Gesundheitsgefahren geschützt sind.

(3) Werden Klimaanlagen oder mechanische Belüftungseinrichtungen verwendet, ist sicherzustellen, dass die Beschäftigten keinem störenden Luftzug ausgesetzt sind.

(4) Ablagerungen und Verunreinigungen in raumlufttechnischen Anlagen, die zu einer unmittelbaren Gesundheitsgefährdung durch die Raumluft führen können, müssen umgehend beseitigt werden.

3.7 Lärm

In Arbeitsstätten ist der Schalldruckpegel so niedrig zu halten, wie es nach der Art des Betriebes möglich ist. Der Beurteilungspegel am Arbeitsplatz in Arbeitsräumen darf auch unter Berücksichtigung der von außen einwirkenden Geräusche höchstens 85 dB (A) betragen; soweit dieser Beurteilungspegel nach der betrieblich möglichen Lärmminderung zumutbarerweise nicht einzuhalten ist, darf er bis zu 5 dB (A) überschritten werden.

4 Sanitärräume, Pausen- und Bereitschaftsräume, Erste-Hilfe-Räume, Unterkünfte

4.1 Sanitärräume

(1) Toilettenräume sind mit verschließbaren Zugängen, einer ausreichenden Anzahl von Toilettenbecken und Handwaschgelegenheiten zur Verfügung zu stellen. Sie müssen sich sowohl in der Nähe der Arbeitsplätze als auch in der Nähe von Pausen- und Bereitschaftsräumen, Wasch- und Umkleideräumen befinden.

(2) Waschräume nach § 6 Abs. 2 Satz 2 sind

a) in der Nähe des Arbeitsplatzes und sichtgeschützt einzurichten,

b) so zu bemessen, dass die Beschäftigten sich den hygienischen Erfordernissen entsprechend und ungehindert reinigen können; dazu muss fließendes warmes und kaltes Wasser, Mittel zum Reinigen und gegebenenfalls zum Desinfizieren sowie zum Abtrocknen der Hände vorhanden sein,

c) mit einer ausreichenden Anzahl geeigneter Duschen zur Verfügung zu stellen, wenn es die Art der Tätigkeit oder gesundheitliche Gründe erfordern.

Sind Waschräume nach § 6 Abs. 2 Satz 2 nicht erforderlich, müssen in der Nähe des Arbeitsplatzes und der Umkleideräume ausreichende und angemessene Waschgelegenheiten mit fließendem Wasser (erforderlichenfalls mit warmem Wasser), Mitteln zum Reinigen und zum Abtrocknen der Hände zur Verfügung stehen.

(3) Umkleideräume nach § 6 Abs. 2 Satz 3 müssen

a) leicht zugänglich und von ausreichender Größe und sichtgeschützt eingerichtet werden; entsprechend der Anzahl gleichzeitiger Benutzer muss genügend freie Bodenfläche für ungehindertes Umkleiden vorhanden sein,

b) mit Sitzgelegenheiten sowie mit verschließbaren Einrichtungen ausgestattet sein, in denen jeder Beschäftigte seine Kleidung aufbewahren kann.

Kleiderschränke für Arbeitskleidung und Schutzkleidung sind von Kleiderschränken für persönliche Kleidung und Gegenstände zu trennen, wenn Umstände dies erfordern.

(4) Wasch- und Umkleideräume, die voneinander räumlich getrennt sind, müssen untereinander leicht erreichbar sein.

4.2 Pausen- und Bereitschaftsräume

(1) Pausenräume oder entsprechende Pausenbereiche nach § 6 Abs. 3 Satz 1 sind

a) für die Beschäftigten leicht erreichbar an ungefährdeter Stelle und in ausreichender Größe bereitzustellen,

b) entsprechend der Anzahl der gleichzeitigen Benutzer mit leicht zu reinigenden Tischen und Sitzgelegenheiten mit Rückenlehne auszustatten,

c) als separate Räume zu gestalten, wenn die Beurteilung der Arbeitsbedingungen und der Arbeitsstätte dies erfordern.

(2) Bereitschaftsräume nach § 6 Abs. 3 Satz 3 und Pausenräume, die als Bereitschaftsräume genutzt werden, müssen dem Zweck entsprechend ausgestattet sein.

4.3 Erste-Hilfe-Räume

(1) Erste-Hilfe-Räume nach § 6 Abs. 4 müssen an ihren Zugängen als solche gekennzeichnet und für Personen mit Rettungstransportmitteln leicht zugänglich sein.

(2) Sie sind mit den erforderlichen Einrichtungen und Materialien zur Ersten Hilfe auszustatten. An einer deutlich gekennzeichneten Stelle müssen Anschrift und Telefonnummer der örtlichen Rettungsdienste angegeben sein.

(3) Erste-Hilfe-Ausstattung ist darüber hinaus überall dort aufzubewahren, wo es die Arbeitsbedingungen erfordern. Sie muss leicht zugänglich und einsatzbereit sein. Die Aufbewahrungsstellen müssen als solche gekennzeichnet und gut erreichbar sein.

4.4 Unterkünfte

(1) Unterkünfte müssen entsprechend ihrer Belegungszahl ausgestattet sein mit:

a) Wohn- und Schlafbereich (Betten, Schränken, Tischen, Stühlen),

b) Essbereich,

c) Sanitäreinrichtungen.

(2) Bei Anwesenheit von männlichen und weiblichen Beschäftigten ist dies bei der Zuteilung der Räume zu berücksichtigen.

5   Ergänzende Anforderungen an besondere Arbeitsstätten

5.1 Nicht allseits umschlossene und im Freien liegende Arbeitsstätten

Arbeitsplätze in nicht allseits umschlossenen Arbeitsstätten und im Freien sind so zu gestalten, dass sie von den Beschäftigten bei jeder Witterung sicher und ohne Gesundheitsgefährdung erreicht, benutzt und wieder verlassen werden können. Dazu gehört, dass Arbeitsplätze gegen Witterungseinflüsse geschützt sind oder den Beschäftigten geeignete persönliche Schutzausrüstungen zur Verfügung gestellt werden.

Werden die Beschäftigten auf Arbeitsplätzen im Freien beschäftigt, so sind die Arbeitsplätze nach Möglichkeit so einzurichten, dass die Beschäftigten nicht schädlichen Wirkungen von außen (zum Beispiel Gasen, Dämpfen, Staub) ausgesetzt sind.

5.2 Zusätzliche Anforderungen an Baustellen

(1) Die Beschäftigten müssen

a) sich gegen Witterungseinflüsse geschützt umkleiden, waschen und wärmen können,

b) über Einrichtungen verfügen, um ihre Mahlzeiten einnehmen und gegebenenfalls auch zubereiten zu können,

c) in der Nähe der Arbeitsplätze über Trinkwasser oder ein anderes alkoholfreies Getränk verfügen können.

Weiterhin sind auf Baustellen folgende Anforderungen umzusetzen:

d) Sind Umkleideräume nach § 6 Abs. 2 Satz 3 nicht erforderlich, muss für jeden regelmäßig auf der Baustelle anwesenden Beschäftigten eine Kleiderablage und ein abschließbares Fach vorhanden sein, damit persönliche Gegenstände unter Verschluss aufbewahrt werden können.

e) Unter Berücksichtigung der Arbeitsverfahren und der körperlichen Beanspruchung der Beschäftigten ist dafür zu sorgen, dass ausreichend gesundheitlich zuträgliche Atemluft vorhanden ist.

f) Beschäftigte müssen die Möglichkeit haben, Arbeitskleidung und Schutzkleidung außerhalb der Arbeitszeit zu lüften und zu trocknen.

g) In regelmäßigen Abständen sind geeignete Versuche und Übungen an Feuerlöscheinrichtungen und Brandmelde- und Alarmanlagen durchzuführen.

(2) Räumliche Begrenzungen der Arbeitsplätze, Materialien, Ausrüstungen und ganz allgemein alle Elemente, die durch Ortsveränderung die Sicherheit und die Gesundheit der Beschäftigten beeinträchtigen können, müssen auf geeignete Weise stabilisiert werden. Hierzu zählen auch Maßnahmen, die verhindern, dass Fahrzeuge, Erdbaumaschinen und Förderzeuge abstürzen, umstürzen, abrutschen oder einbrechen.

(3) Werden Beförderungsmittel auf Verkehrswegen verwendet, so müssen für andere, den Verkehrsweg nutzende Personen ein ausreichender Sicherheitsabstand oder geeignete Schutzvorrichtungen vorgesehen werden. Die Wege müssen regelmäßig überprüft und gewartet werden.

(4) Bei Arbeiten, aus denen sich im besonderen Maße Gefährdungen für die Beschäftigten ergeben können, müssen geeignete Sicherheitsvorkehrungen getroffen werden. Dies gilt insbesondere für Abbrucharbeiten sowie für den Auf- oder Abbau von Massivbauelementen. Zur Erfüllung der Schutzmaßnahmen des Satzes 1 sind

a) bei Arbeiten an erhöhten oder tiefer gelegenen Standorten Standsicherheit und Stabilität der Arbeitsplätze und ihrer Zugänge auf geeignete Weise zu gewährleisten und zu überprüfen, insbesondere nach einer Veränderung der Höhe oder Tiefe des Arbeitsplatzes,

b) bei Ausschachtungen, Brunnenbauarbeiten, unterirdischen oder Tunnelarbeiten geeignete Verschalungen oder Abschrägungen vorzusehen; vor Beginn von Erdarbeiten sind geeignete Maßnahmen durchzuführen, um die Gefährdung durch unterirdisch verlegte Kabel und andere Versorgungsleitungen festzustellen und auf ein Mindestmaß zu verringern,

c) bei Arbeiten, bei denen Sauerstoffmangel auftreten kann, geeignete Maßnahmen zu treffen, um einer Gefahr vorzubeugen und eine wirksame und sofortige Hilfeleistung zu ermöglichen; Einzelarbeitsplätze in Bereichen, in denen erhöhte Gefahr von Sauerstoffmangel besteht, sind nur zulässig, wenn diese ständig von außen überwacht werden und alle geeigneten Vorkehrungen getroffen sind, um eine wirksame und sofortige Hilfeleistung zu ermöglichen,

d) beim Auf-, Um- sowie Abbau von Spundwänden und Senkkästen angemessene Vorrichtungen vorzusehen, damit sich die Beschäftigten beim Eindringen von Wasser und Material retten können,

e) bei Laderampen Absturzsicherungen vorzusehen.

Abbrucharbeiten sowie Arbeiten mit schweren Massivbauelementen, insbesondere Auf- und Abbau von Stahl- und Betonkonstruktionen sowie Montage und Demontage von Spundwänden und Senkkästen, dürfen nur unter Aufsicht einer befähigten Person geplant und durchgeführt werden.

(5) Vorhandene elektrische Freileitungen müssen nach Möglichkeit außerhalb des Baustellengeländes verlegt oder freigeschaltet werden. Wenn dies nicht möglich ist, sind geeignete Abschrankungen, Abschirmungen oder Hinweise anzubringen, um Fahrzeuge und Einrichtungen von diesen Leitungen fern zu halten.

Artikel 2 Änderung der Allgemeinen Bundesbergverordnung

Die Allgemeine Bundesbergverordnung vom 23. Oktober 1995 (BGBl. I S. 1466), zuletzt geändert durch Artikel 24 des Gesetzes vom 6. Januar 2004 (BGBl. I S. 2), wird wie folgt geändert:

1. In Anhang 1 Nr. 11 wird nach Nummer 11.2 folgende Nummer 11.3 angefügt:

„11.3 Nichtraucherschutz

11.3.1 Der Unternehmer hat die erforderlichen Maßnahmen zu treffen, damit die nichtrauchenden Beschäftigten in Arbeitsstätten wirksam vor den Gesundheitsgefahren durch Tabakrauch geschützt sind.

11.3.2 In Arbeitsstätten mit Publikumsverkehr hat der Unternehmer Schutzmaßnahmen nach Nummer 11.3.1 nur insoweit zu treffen, als die Natur des Betriebes und die Art der Beschäftigung es zulassen."

2. Anhang 2 Nr. 8 wird wie folgt geändert:

a) In Nummer 8.2 wird Satz 3 aufgehoben.

b) In Nummer 8.3 wird Satz 2 aufgehoben.

**Artikel 3 Aufhebung der Verordnung über besondere Arbeits-
schutzanforderungen bei Arbeiten im Freien in der Zeit
vom 1.November bis 31. März**

Die Verordnung über besondere Arbeitsschutzanforderungen bei Arbeiten im Freien in der Zeit vom 1. November bis 31. März vom 1. August
1968 (BGBl. I S.901), zuletzt geändert durch Artikel 2 der Verordnung
vom 10. Juni 1992 (BGBl. I S. 1019), wird aufgehoben.

Artikel 4 In-Kraft-Treten, Außer-Kraft-Treten

Diese Verordnung tritt am Tag nach der Verkündung in Kraft. Gleichzeitig tritt die Arbeitsstättenverordnung vom 20. März 1975 (BGBl. S. 729),
zuletzt geändert durch Artikel 281 der Verordnung vom 25. November
2003 (BGBl. I S. 2304) außer Kraft.

C. Amtliche Begründung der neuen ArbStättV

Text Amtliche Begründung

A. Allgemeines

Die neu strukturierte Arbeitsstättenverordnung löst die Arbeitsstättenverordnung vom 20. März 1975 (BGBl. I S. 729), zuletzt geändert durch Artikel 7 der Verordnung vom 27. September 2002 (BGBl. I S. 3777), ab. Ziel ist die Modernisierung des Arbeitsstättenrechts entsprechend der Konzeption des Arbeitsschutzgesetzes (ArbSchG) von 1996. Diese Konzeption folgt der Regelungssystematik der europäischen Arbeitsschutzrichtlinien, nach der Schutzziele und allgemein gehaltene Anforderungen, aber keine detaillierten Verhaltensvorgaben festgesetzt werden. Durch flexible Grundvorschriften soll den Betrieben Spielraum für an ihre Situation angepasste Arbeitsschutzmaßnahmen gegeben werden.

Die hierzu notwendigen Änderungen machen es erforderlich, die geltende Arbeitsstättenverordnung in wesentlichen Teilen neu zu strukturieren. Die Verordnung wird in einen Vorschriftentext mit allgemeinen und einen Anhang mit speziellen Bestimmungen aufgeteilt. Die allgemeinen Bestimmungen enthalten Rahmenvorschriften mit teilweise neu formulierten Anforderungen an das Einrichten und Betreiben von Arbeitsstätten. Der Anhang stellt grundlegende Konkretisierungen der allgemeinen Anforderungen zusammen und übernimmt im Wesentlichen die bisherigen Regelungen der Arbeitsstättenverordnung. Die Schutzziele sollen betriebsnahe Gestaltungsmöglichkeiten ermöglichen. Sie sind nur dann konkret zu regeln, wenn nach wissenschaftlich begründeten Erkenntnissen im Belastungsfall Gesundheitsschäden möglich sind und wenn Anforderungen keinen nachträglichen Gestaltungsspielraum zulassen. Im Übrigen werden Anforderungen an Arbeitsplätze konkreter gefasst als für andere Teile der Arbeitsstätte.

Um die Anwendung der Arbeitsstättenverordnung in der Praxis zu erleichtern sollen den Arbeitgebern und den vollziehenden Behörden Regeln an die Hand gegeben werden können, denen zu entnehmen sein wird, wie den in der Verordnung niedergelegten Anforderungen konkret entsprochen werden kann. Diese präzisierenden branchen- und tätigkeitsbezogenen Technischen Regeln sind – soweit erforderlich – außerhalb der Verordnung zu erstellen. Diese Aufgabe wird einem „Ausschuss für Arbeitsstätten" übertragen, dem Vertreter aller betroffenen Fachkreise und die Sozialpartner angehören.

Insgesamt dienen die mit der Novellierung vorgenommenen strukturellen Veränderungen dem Zweck, die Verordnung übersichtlicher zu machen. Damit wird ein Beitrag zu größerer Transparenz und besserer Handhabbarkeit des Arbeitsstättenrechts geleistet.

Im Einzelnen sind folgende Punkte der Novellierung hervorzuheben:

• Die Verordnung wird umfassend auf der Grundlage des § 18 Arb-SchG neu erlassen. Die Arbeitsstättenverordnung findet damit jetzt auch für die gewerbliche Wirtschaft ihre rechtliche Grundlage im Arbeitsschutzgesetz. Dadurch können die im Fünften Abschnitt des Arbeitsschutzgesetzes enthaltenen Durchführungsbestimmungen auf die Arbeitsstättenverordnung angewendet werden.

• Es wird die Einrichtung eines „Ausschusses für Arbeitsstätten" vorgesehen. Aufgabe dieses Ausschusses ist es, das Bundesministerium für Wirtschaft und Arbeit in Fragen des Arbeitsstättenrechts zu beraten, dem Stand der Technik entsprechende Technische Regeln zu ermitteln und ausfüllungsbedürftige Anforderungen der Verordnung zu konkretisieren. Technische Regeln können mit dem Ziel einer anwenderfreundlichen Ausgestaltung beispielhafte Umsetzungen zur Erfüllung der in der Verordnung vorgegebenen Schutzziele enthalten. Es wird möglich, Gestaltungsempfehlungen dem Stand der gesicherten arbeitswissenschaftlichen Erkenntnisse entsprechend aktuell zu vermitteln. Dieses Vorgehen entspricht der im Gefahrstoffbereich sowie im Bereich der Biostoffverordnung bereits seit längerem üblichen Regelungssystematik. Die vom Ausschuss für Arbeitsstätten ermittelten Regeln ersetzen die bisherigen „Arbeitsstättenrichtlinien". Die Arbeitsstättenrichtlinien gelten bis zu ihrer Überarbeitung und zur Bekanntgabe entsprechender Technischer Regeln als Stand der Technik, Arbeitsmedizin und Hygiene im Sinne § 4 Ziffer 3 Arbeitsschutzgesetz, längstens sechs Jahre nach In-Kraft-Treten der Verordnung, fort.

• Wie schon die geltende Arbeitsstättenverordnung dient auch die novellierte Fassung der nationalen Umsetzung der EG-Arbeitsstättenrichtlinie 89/654/EWG. Die EG-Kommission hatte in Bezug auf Oberlichter und Laderampen sowie auf das Verbot von Schiebe- und Karusselltüren als speziell eingerichtete Nottüren die Umsetzung der Richtlinie in der geltenden Arbeitsstättenverordnung als unzureichend bezeichnet. Diesen Hinweisen der Kommission trägt die Novellierung Rechnung, indem die einschlägigen Bestimmungen im Anhang der Verordnung klarer gefasst werden.

• Über einen gleitenden Verweis wird die EG-Sicherheitskennzeichnungsrichtlinie 92/58/EWG in staatliches Recht umgesetzt.

- Mit der Verordnung wird der Anhang IV Teil A (Mindestvorschriften für Sicherheit und Gesundheitsschutz auf Baustellen – Allgemeine Mindestvorschriften für Arbeitsstätten auf Baustellen) und Teil B (Besondere Mindestvorschriften für Arbeitsplätze auf Baustellen) der EG-Baustellenrichtlinie 92/57/EWG in staatliches Recht umgesetzt.

- Die Verordnung über besondere Arbeitsschutzanforderungen bei Arbeiten im Freien in der Zeit vom 1. November bis 31. März (Winterbauverordnung) wird aufgehoben.

Die gleichstellungspolitische Prüfung wurde durchgeführt. Die Regelung zu Ruhemöglichkeiten für schwangere und stillende Arbeitnehmerinnen trägt der besonderen Lebenssituation der betroffenen Frauen Rechnung. Weitere mittelbar oder unmittelbar geschlechtsspezifisch wirkende Regelungen sind in der Verordnung nicht enthalten.

Kosten

Die Anforderungen an Arbeitsstätten sind grundsätzlich in der bereits bestehenden Arbeitsstättenverordnung verankert. Deshalb sind prinzipiell keine zusätzlichen Aufwendungen zu erwarten. Durch die neue Konzeption flexibler Grundvorschriften, die Spielraum lassen für den betrieblichen Gegebenheiten angepasste Arbeitsschutzmaßnahmen, könnten sich die Aufwendungen für die Betriebe reduzieren. Auswirkungen auf Löhne und Preise sind nicht zu erwarten.

B.   Zu den einzelnen Vorschriften

1.   Artikel 1 – Verordnung über Arbeitsstätten

Zu § 1 (Ziel, Anwendungsbereich)

Die Arbeitsstättenverordnung enthält zentrale Vorschriften zum Schutz der Sicherheit und der Gesundheit am Arbeitsplatz vor Gefährdungen im Zusammenhang mit Arbeitsstätten. Es sind Mindestvorschriften, die unter dem Aspekt der Sicherheit und des Gesundheitsschutzes der Beschäftigten in Arbeitsstätten formuliert sind. § 1 greift die allgemeine Zweckbestimmung des § 1 Absatz 1 ArbSchG auf und überträgt sie auf das Arbeitsstättenrecht. Der Begriff „Beschäftigte" korrespondiert mit § 2 Absatz 2 ArbSchG.

Der Anwendungsbereich entspricht dem des Arbeitsschutzgesetzes. Durch Absatz 2 wird dieser Geltungsbereich für die Arbeitsstättenverordnung weiter eingeschränkt. Der Begriff „Transportmittel" umfasst Straßen-, Schienen-, Luft- und Wasserfahrzeuge im öffentlichen Verkehr und trägt durch Zusammenfassung zu einer Verschlankung der bisherigen Vorschrift (§ 1 Absatz 2 Ziffer 2) bei. Die verbliebenen Ausnahmen entsprechen dem bislang geltenden Recht.

Arbeitsstätten im Reisegewerbe, im Marktverkehr sowie in Fahrzeugen im öffentlichen Verkehr werden von der Verordnung weiterhin nicht erfasst, da aus praktischen Gründen nur wenige Bestimmungen der Verordnung für diese Bereiche unmittelbar anwendbar wären. Entsprechende Sonderregelungen sind aufgrund des ständig wechselnden Standortes und des fehlenden räumlichen Bezuges schwierig. Fahrzeuge im öffentlichen Verkehr unterliegen im Übrigen dem Verkehrsrecht. Auch Arbeitsstätten im Freien, die zu einem land- oder forstwirtschaftlichen Betrieb gehören und außerhalb seiner bebauten Fläche liegen, bleiben aus diesen Gründen weiterhin vom Anwendungsbereich der Verordnung ausgenommen. Der Nichtraucherschutz umfasst dagegen alle Arbeitsplätze.

Absatz 3 trägt der Tatsache Rechnung, dass in bestimmten, für die öffentlichen Belange wichtigen Tätigkeitsbereichen (z. B. Streitkräfte) die strikte Anwendung der Verordnung mit der ordnungsgemäßen Erfüllung der Aufgaben in diesen Bereichen in Konflikt kommen könnte. Entsprechend Artikel 1 Absatz 3 der EG-Arbeitstättenrichtlinie i. V. m. Artikel 2 Absatz 2 der EG-Rahmenrichtlinie Arbeitsschutz legen die Sätze 1 und 2 für den Bereich des Bundes fest, dass Ausnahmen von den Vorschriften der Verordnung und die stattdessen zur Gewährleistung von Sicherheit und Gesundheitsschutz der Beschäftigten zu treffenden Maßnahmen bestimmt werden können.

Zu § 2 (Begriffsbestimmungen)

Die Definition des Begriffes „Arbeitsstätte" im Absatz 1 orientiert sich am Wortlaut der EG-Arbeitstättenrichtlinie. Wie in der geltenden Arbeitsstättenverordnung werden vom Anwendungsbereich auch Baustellen erfasst.

Arbeitsstätten sind nach Absatz 1 Ziffer 1 und 2 sowohl Orte, an denen unmittelbar gearbeitet wird, als auch Orte, die in engem Zusammenhang mit der Arbeit zu sehen sind, wie zum Beispiel Rettungswege oder Sanitärräume. Die Formulierung des Absatzes 1 Ziffer 1 schließt Ausbildungsstätten mit ein.

Die Absätze 2 und 3 dienen mit Blick auf die zum Teil unterschiedlichen Anforderungen hinsichtlich der verschiedenen Räumlichkeiten einer Arbeitsstätte der Klarstellung des Regelungskomplexes Arbeitsstätte – Arbeitsplatz – Arbeitsraum. Absatz 2 enthält in Abgrenzung zum umfassenden Begriff der „Arbeitsstätte" eine Definition des Begriffes „Arbeitsplatz" und nennt die in diesem Zusammenhang notwendigen Eckpunkte für eine zeitliche Eingrenzung. Absatz 3 gibt eine Legaldefinition des Begriffes „Arbeitsraum".

Absatz 4 listet die „anderen" Orte im Sinne Absatz 1 Ziffer 2 abschließend auf, zu denen Beschäftigte im Rahmen ihrer Arbeit Zugang haben. Der Katalog wurde nahezu unverändert aus der bisherigen Arbeitsstättenverordnung übernommenen.

Die Absätze 5 und 6 enthalten eine dem bisherigen Arbeitsstättenrecht inhaltlich entsprechende Legaldefinition des Einrichtens und Betreibens von Arbeitsstätten sowie eine Erläuterung dazu an Hand von Beispielen.

Zu § 3 (Einrichten und Betreiben von Arbeitsstätten)

Absatz 1 enthält die grundlegende, an den Arbeitgeber gerichtete Verpflichtung, Sicherheit und Gesundheit der Beschäftigten beim Einrichten und Betreiben von Arbeitsstätten zu gewährleisten. Die Verordnung einschließlich ihres Anhanges enthält dazu verbindliche Anforderungen.

Die vom Ausschuss für Arbeitsstätten erarbeiteten und durch das Bundesministerium für Wirtschaft und Arbeit bekannt gegebenen Technischen Regeln konkretisieren beispielhaft die in der Verordnung genannten Schutzziele auf der Grundlage des gesicherten Standes von Wissenschaft und Technik. Die Einhaltung des Technischen Regelwerkes bewirkt die Vermutung zugunsten des Rechtsanwenders, dass die in der Verordnung diesbezüglich gestellten Anforderungen erfüllt sind.

Absatz 2 verpflichtet den Arbeitgeber, der Menschen mit Behinderungen beschäftigt, beim Einrichten und Betreiben sein besonderes Augenmerk auf die Verhütung von spezifischen Gefährdungen zu setzen, die von Arbeitsstätten für diese Beschäftigten ausgehen können. Die Vorschrift ergänzt die in Umsetzung der EG-Arbeitsstättenrichtlinie (Anhang I Ziffer 20) und der EG-Baustellenrichtlinie (Anhang IV, Teil A, Ziffer 17) bereits getroffenen beschäftigungsfördernden Regelungen in § 81 Absatz 4 Nr. 4 SGB IX um entsprechende flankierende Arbeitsschutzbestimmungen. Die Aufnahme dieser Klarstellung hat die Bundesregierung bei der Behandlung des Gesetzes zur Gleichstellung behinderter Menschen und zur Änderung anderer Gesetze (Bundesbehindertengleichstellungsgesetz – BGG) zugesagt (siehe BT-Drucksachen 14/7420 und 14/8043). Der Begriff der Barrierefreiheit entspricht der Definition in § 4 BGG.

Die allgemeine Ausnahmeregelung in Absatz 3 entspricht im Wesentlichen dem bisherigen § 4 Absatz 1 und 2 ArbStättV. Durch Satz 2 werden die Aufsichtsbehörden angehalten, die Probleme kleinerer Betriebe besonders zu beachten.

Absatz 4 regelt das Konkurrenzverhältnis arbeitsstättenrechtlicher Anforderungen im Lichte anderer Rechtsvorschriften insbesondere des Bauordnungsrechts der Länder. Diese Rechtsetzungen stellen für ihren jeweiligen Regelungsinhalt spezifische, zweckgebundene und teilweise weitergehende Anforderungen, die neben dem Arbeitsstättenrecht Anwendung finden.

Zu § 4 (Besondere Anforderungen an das Betreiben von Arbeitsstätten)

Die Anforderungen richten sich in erster Linie an den Arbeitgeber, betreffen zum Teil aber auch Arbeitgeber und Beschäftigte gemeinsam.

Absatz 1 greift die Regelung des § 53 Absatz 1 der bisherigen Verordnung auf und setzt Artikel 6, Anstrich 2 der EG-Arbeitsstättenrichtlinie um.

Die Regelung in Absatz 2 ersetzt in Übereinstimmung mit Artikel 6, Anstrich 3 der EG-Arbeitsstättenrichtlinie den inhaltsgleichen § 54 der bisherigen Verordnung.

Absatz 3 übernimmt in Umsetzung des Artikels 6 Anstrich 4 der EG-Arbeitsstättenrichtlinie sowie der Ziffer 4.2 des Anhanges IV Teil A der EG-Baustellenrichtlinie die Vorschrift des § 53 Absatz 2 der bisherigen Verordnung und passt sie redaktionell an die neue Struktur der Verordnung an.

Absatz 3 soll sicherstellen, dass die der Sicherheit der Beschäftigten dienenden Einrichtungen jederzeit funktionstüchtig sind. Dabei wurde auf die Vorgabe konkreter Prüffristen verzichtet. Prüfintervalle unterliegen dem jeweiligen Stand der Technik und sind in aktueller Form und sachbezogen Gegenstand des Regelwerks.

Absatz 4 schreibt in Umsetzung von Artikel 6 Anstrich 1, der Ziffern 4.1 und 4.2 des Anhangs I der EG-Arbeitsstättenrichtlinie sowie der Ziffern 3.2 und 3.4 des Anhanges IV Teil A der EG-Baustellenrichtlinie das Freihalten der verschiedenen Verkehrswege sowie modifizierte Anforderungen zum jederzeitigen ungehinderten Passieren für Fluchtwege und Notausgänge vor. Die Regelung entspricht inhaltlich den §§ 19 Satz 3, 52 Absatz 1 und 55 der bisherigen Verordnung.

Daneben wird der Arbeitgeber im Satz 2 verpflichtet, Vorkehrungen – ggf. unter Einbeziehung eines Flucht- und Rettungsplanes – zu treffen, die im Gefahrenfall eine unverzügliche Flucht oder Rettung ermöglichen. Die Regelung soll über vorbeugende Maßnahmen hinaus gewährleisten, dass die Beschäftigten im Brand- oder Katastrophenfall wissen, wie sie sich schnell aus dem Gefahrenbereich in Sicherheit bringen bzw. von außen gerettet werden können. Ferner werden mit der Be-

stimmung auch die Anforderungen der Ziffer 10.1 Buchstabe d des Anhangs IV Teil B Abschnitt II der EG-Baustellenrichtlinie umgesetzt. Denn
die von Arbeiten ausgehenden spezifischen Gefährdungen können weitergehende Sicherheitsvorkehrungen erforderlich machen, zum Beispiel Vorkehrungen, die es Beschäftigten im Tunnelbau ermöglichen,
sich beim Eindringen von Wasser oder Material in Sicherheit zu bringen.

Absatz 5 fasst die grundlegenden Anforderungen der §§ 39 Absatz 1
und 53 Absatz 3 der bisherigen Verordnung zusammen und setzt die
Ziffer 19 des Anhanges I der EG-Arbeitsstättenrichtlinie und Ziffer 13
des Anhanges IV Teil A der EG-Baustellenrichtline um.

Zu § 5 (Nichtraucherschutz)

§ 5 ist identisch mit dem bisherigen § 3a ArbStättV und setzt die Ziffern
16.3, 16.4 des Anhangs I der EG-Arbeitsstättenrichtlinie und 15.5 des
Anhangs IV Teil A der EG-Baustellenrichtlinie um. Die Regelung geht
auf eine interfraktionelle Initiative des Deutschen Bundestages für einen
verbesserten Nichtraucherschutz am Arbeitsplatz zurück und übernimmt den Wortlaut des Beschlusses vom 31. Mai 2001 (Bundestags-
drucksache 14/3231).

Zu § 6 (Arbeitsräume, Sanitärräume, Pausen- und Bereitschaftsräume,
Erste-Hilfe-Räume, Unterkünfte)

Die Vorschrift legt grundlegende Anforderungen an die unterschiedlichen Räume der Arbeitsstätte fest. Dies betrifft Räume, die dem unmittelbaren Arbeitsablauf dienen (Absatz 1) oder Räume, die den Beschäftigten aus Gründen der Sicherheit, Erholung oder Hygiene zur
Verfügung stehen (Absätze 2 bis 5).

Absatz 1 beinhaltet mit der Forderung einer ausreichenden Raumgröße
eine Grundvoraussetzung für eine beeinträchtigungsfreie, der Gesundheit und dem Wohlbefinden der Beschäftigten Rechnung tragende Ar-
beitsverrichtung und setzt arbeitshygienische, psychologische und lüftungstechnische Grundforderungen um. Die Regelung entspricht Ziffer
15.1 des Anhanges I der EG-Arbeitsstättenrichtlinie.

Absatz 2 bestimmt das Erfordernis zur Bereitstellung von Toilettenräumen und nennt die Anforderungen, nach denen der Arbeitgeber besondere Wasch- oder Umkleideräume zur Verfügung stellen muss. Durch
die Öffnungsklausel im Satz 5 bleiben mobile Toilettenkabinen und
Waschgelegenheiten für Baustellen mit wenigen Beschäftigten weiterhin zulässig. Inhaltlich entspricht die Bestimmung den §§ 34 Absatz 1,
35 Absatz 1, 37 Absatz 1, und 48 Absatz 1 der bisherigen Verordnung
und setzt die Anforderungen der Ziffer 18 des Anhangs I der EG-Arbeits-

stättenrichtlinie sowie der Ziffer 14 des Anhanges IV Teil A der EG-Baustellenrichtlinie um.

Absatz 3 trifft Grundsatzregelungen für Pausen- und Bereitschaftsräume. Je nach Art der Beanspruchung bei der Arbeit, hat der Arbeitgeber passende Räume für Pausen, Bereitschaftszeiten und Ruhezeiten zur Verfügung zu stellen. Der Arbeitgeber wird nicht verpflichtet, für jede Art der Erholung einen gesonderten Raum bereitzustellen. Er muss jedoch sicherstellen, dass die Räume ihren verschiedenen Funktionen entsprechend von den Beschäftigten genutzt werden können. Die Regelung bezieht sich auf die §§ 29 Absatz 1, 30 Satz 1, 31 der bisherigen Verordnung und setzt die Ziffern 16.1, 16.4 und 17 des Anhangs I der EG-Arbeitsstättenrichtlinie sowie die Ziffern 15.1, 15.3 und 16 des Anhanges IV Teil A der EG-Baustellenrichtlinie um.

Absatz 4 entspricht dem Regelungsinhalt des § 38 der bisherigen Verordnung und setzt inhaltsgleich die Ziffer 19.1 des Anhangs I der EG-Arbeitsstättenrichtlinie sowie die Ziffern 13.1, 13.2 und 13.4 Satz 1 des Anhanges IV Teil A der EG-Baustellenrichtlinie um. Rettungsstellen oder Behandlungsräume von medizinischen Einrichtungen sind mit Erste-Hilfe-Räumen vergleichbare Einrichtungen und erfüllen die Anforderungen des Absatz 4.

Die Regelung in Absatz 5 enthält die inhaltlich an die moderne Arbeitswelt angepasste Verpflichtung zur Bereitstellung von Unterkünften durch den Arbeitgeber aus § 40a der bisherigen Arbeitsstättenverordnung. Die Bestimmung trägt insbesondere der Entwicklung in der Praxis Rechnung, dass sich die Beschäftigten bei der Auswärtsbeschäftigung heute in der Regel ihre Unterkunft selbst beschaffen, indem sie Zimmer in Gasthöfen, Pensionen usw. anmieten. Sofern den Beschäftigten seitens der Arbeitgeber der mit der Unterkunftsbeschaffung verbundene Mehraufwand ausgeglichen wird, wie z. B. in der Baubranche durch allgemein verbindliche tarifvertragliche Regelung üblich, besteht deshalb kein Erfordernis zur Bereitstellung von Unterkünften.

Absatz 6 stellt klar, dass Anforderungen hinsichtlich der Raumhöhe und der Grundfläche auch für Sanitärräume, Pausen- und Bereitschaftsräume, Erste-Hilfe-Räume und Unterkünfte gestellt werden.

Zu § 7 (Ausschuss für Arbeitsstätten)

§ 7 ist in Verbindung mit § 3 Absatz 1 eine der zentralen Regelungen der neuen Verordnung. Die Vorschrift bestimmt die Einsetzung eines mit sachverständigen Mitgliedern pluralistisch besetzten Gremiums der im Arbeitsschutz wesentlich Verantwortung tragenden Akteure.

Durch Absatz 1 wird der Ausschuss für Arbeitsstätten, analog zu bereits bestehenden Ausschüssen z. B. für Gefahrstoffe (AGS), auf der Grundlage der Arbeitsstättenverordnung eingesetzt. Die Einrichtung des Ausschusses für Arbeitsstätten sichert die Mitwirkung der betroffenen Kreise und gewährleistet dadurch eine breite Akzeptanz der von ihm ermittelten Technischen Regeln. Die Arbeit des Ausschusses nach dem Vorbild bereits bestehender Ausschüsse wird durch Verzicht auf die Erarbeitung besonderer Verwaltungsvorschriften zu einer Entlastung des Verordnungsgebers sowie der zuständigen Behörden der Länder und der Unfallversicherungsträger führen. Durch die Mitgliedschaft der betroffenen Kreise im Ausschuss wird ein ausgewogenes und streng am Bedarf ausgerichtetes Regelwerk sichergestellt, das die bisherigen Arbeitsstättenrichtlinien ablösen wird. Bei der Erarbeitung eines umfassenden technischen Regelwerkes wird der Ausschuss zunächst auf die vorhandenen Arbeitsstättenrichtlinien zurückgreifen. Die Initiative zur Erstellung von Regeln oder zur Überarbeitung der Arbeitsstättenrichtlinien geht von den Mitgliedern des Ausschusses aus, der daraufhin seine Arbeit aufnimmt. Die Arbeit der Fachausschüsse der Unfallversicherungsträger wird mit der des Ausschusses für Arbeitsstätten verzahnt. Ziel ist dabei, Arbeitgebern, Beschäftigten sowie den Aufsichtsdiensten der Länder und Unfallversicherungsträgern ein abgestimmtes Regelwerk an die Hand zu geben und Doppelarbeit zu vermeiden. Die Begrenzung der Gesamtzahl der Mitglieder gewährleistet die Arbeitsfähigkeit des Gremiums.

Absatz 2 trifft die üblichen Verfahrensregeln über die Berufung der Ausschussmitglieder, die Wahl des Vorsitzenden und die Geschäftsordnung.

In Absatz 3 werden die Aufgaben des Ausschusses für Arbeitsstätten näher beschrieben. Der Arbeitsstättenausschuss soll das Bundesministerium für Wirtschaft und Arbeit beraten und dem Stand der Technik, der Arbeitsmedizin und der Hygiene entsprechende Regeln ermitteln, die die ausfüllungsbedürftigen Anforderungen der Verordnung konkretisieren. Bei der Wahrnehmung seiner Aufgaben soll der Ausschuss die allgemeinen Grundsätze des Arbeitsschutzes nach § 4 des Arbeitsschutzgesetzes berücksichtigen. Dies betont nochmals den erforderlichen Praxisbezug der Tätigkeit des Ausschusses. Bei der Ermittlung der Regeln ist von einem breiten Konsens auszugehen.

Die vom Ausschuss für Arbeitsstätten ermittelten Regeln können nach Absatz 4 vom Bundesministerium für Wirtschaft und Arbeit amtlich bekannt gegeben werden.

Absatz 5 ermöglicht die Teilnahme von Vertreterinnen und Vertretern der Bundesministerien und der zuständigen obersten Landesbehörden an den Sitzungen des Ausschusses.

Die Geschäfte des Ausschusses wird, wie bei den bereits bestehenden Ausschüssen, die Bundesanstalt für Arbeitsschutz und Arbeitsmedizin führen, um den dort vorhandenen Sachverstand und die Erfahrungen zu nutzen (Absatz 6).

Zu § 8 (Übergangsvorschriften)

Absatz 1 Satz 1 entspricht den Absätzen 1 und 3 des bisherigen § 56 ArbStättV und trägt dem schutzwürdigen Interesse an Bestandsschutz einmal getroffener Verwaltungsentscheidungen für Arbeitsstätten Rechnung, die schon vor dem In-Kraft-Treten der bisherigen Arbeitsstättenverordnung im Mai 1976 errichtet waren bzw. mit deren Errichtung zu diesem Zeitpunkt bereits begonnen worden war oder die erst seit der Ausdehnung des Geltungsbereichs im Dezember 1996 den Vorschriften der Arbeitsstättenverordnung unterliegen und die zu diesem Zeitpunkt bereits errichtet waren, oder mit deren Errichtung zu diesem Zeitpunkt bereits begonnen worden war. Für diese Arbeitsstätten gelten grundsätzlich weiterhin nur die Anforderungen des Anhangs II der EG-Arbeitsstättenrichtlinie. Weitere Übergangsvorschriften für bereits errichtete Arbeitsstätten sind nicht erforderlich. In Härtefällen können die Behörden Ausnahmegenehmigung nach § 3 Abs. 3 erteilen.

Satz 2 setzt die Forderung des Artikels 5 der EG-Arbeitsstättenrichtlinie um und stellt klar, dass auch bei Arbeitsstätten mit Bestandsschutz ggf. durchgeführte wesentliche Änderungen, Erweiterungen oder Umgestaltungen der Arbeitsstätte oder der Arbeitsverfahren oder der Arbeitsabläufe mit den Anforderungen der Verordnung im Einklang stehen müssen.

Absatz 2 regelt, dass die Arbeitsstättenrichtlinien bis zu ihrer Überarbeitung und zur Bekanntgabe entsprechender Technischer Regeln als Stand der Technik, Arbeitsmedizin und Hygiene im Sinne § 4 Ziffer 3 Arbeitsschutzgesetz fortgelten. Die Begrenzung des Fortgeltens der Arbeitsstättenrichtlinien auf sechs Jahre soll sicherstellen, dass die angestrebte Straffung und Aktualisierung der Richtlinien kurzfristig erfolgt.

Zum Anhang der Verordnung

Im Anhang werden die grundlegenden Anforderungen für das Einrichten und Betreiben von Arbeitsstätten nach § 3 Absatz 1 näher konkretisiert.

Der Einleitungssatz stellt in Übereinstimmung mit Ziffer 1 des Anhanges I der EG-Arbeitsstättenrichtlinie klar, dass die Anforderungen des

Anhanges immer gelten, wenn es für die Sicherheit und den Gesundheitsschutz erforderlich ist.

Das in § 3 Absatz 4 für die allgemeinen Bestimmungen bereits geregelte Konkurrenzverhältnis arbeitsstättenrechtlicher Anforderungen im Lichte anderer Rechtsvorschriften wird für den Anhang und sein Verhältnis in Bezug auf die in Umsetzung des Artikels 95 EWG-Vertrag gestellten Anforderungen an die Beschaffenheit von Arbeitsmitteln noch einmal gesondert klargestellt.

So unterliegen die an verschiedenen Stellen des Anhanges z. B. an Bauprodukte, wie elektrische Anlagen, Fenster, Türen, Rolltreppen, Laderampen, Steigleitern, gestellten Anforderungen nur insoweit der Arbeitsstättenverordnung, wie gerade die spezifische Funktion des Bauprodukts als Bestandteil der Arbeitsstätte und der damit einhergehende spezielle Schutzzweckzusammenhang berührt ist. Rechtsvorschriften, die in Umsetzung des Artikels 95 EWG-Vertrag Anforderungen an die Beschaffenheit von Arbeitsmitteln selbst stellen, bleiben durch die Arbeitsstättenverordnung unberührt.

Der neuen Schutzzielsystematik folgend haben betriebsnahe Gestaltungsmöglichkeiten Vorrang vor differenzierten Verhaltensvorgaben. Die Konkretisierungen des Anhangs stellen Anforderungen dar, die aufgrund wissenschaftlich begründeter Erkenntnisse und zwingender Anforderungen zur wirksamen Ausfüllung des arbeitsstättenbezogenen Arbeits- und Gesundheitsschutzes erfüllt werden müssen. Richtschnur bei der Formulierung dieser konkretisierenden Anforderungen sind

- am Stand der Technik ausgerichtete betriebsnahe Schutzziele,

- Festlegungen, die in europäischen Richtlinien benannt und im nationalen Recht bereits umgesetzt oder noch zu übernehmen sind,

- bewährte, beizubehaltende Inhalte des geltenden Arbeitsstättenrechts,

- Regelungen des Arbeitsschutzes, die im Rahmen der Deregulierung aus anderen Vorschriften wie der Gewerbeordnung oder der Winterbauverordnung zu übernehmen sind.

Für alle Arbeitsstätten geltende Anforderungen werden im Anhang unter den Gliederungspunkten 1 bis 4 formuliert. Für besondere Arbeitsstätten, wie im Freien liegende, in nicht allseits umschlossenen Räumen befindliche Arbeitsstätten und Baustellen, sind neben den unter den Gliederungspunkten 1 bis 4 genannten Bedingungen weitere Anforderungen zu berücksichtigen.

Diese sind im Gliederungspunkt 5 benannt.

C. Amtliche Begründung der neuen ArbStättV

In Bezug auf Oberlichter, Schiebetüren als Nottüren und Laderampen enthält der Anhang gemeinschaftsrechtlich veranlasste notwendige Klarstellungen und trägt damit Hinweisen der Kommission in Bezug auf die vollständige Umsetzung der EG-Arbeitsstättenrichtlinie 89/654 Rechnung.

Zu 1 Allgemeine Anforderungen

Unter dem Gliederungspunkt 1 werden die für Sicherheit und Gesundheitsschutz maßgeblichen generellen Anforderungen an verschiedene Bauelemente der Arbeitsstätte zusammengefasst.

Zu 1.1 Konstruktion und Festigkeit von Gebäuden

Die Bestimmung entspricht der Ziffer 2 des Anhanges I der EG-Arbeitsstättenrichtlinie. Sie setzt gleichzeitig die Ziffer 1.1 des Anhanges IV Teil A der EG-Baustellenrichtlinie und in Verbindung mit den speziellen Anforderungen des Abschnitts 5.2 die Ziffer 1.1 des Anhanges IV Teil B Abschnitt II um. Die Anforderungen an Stabilität und Festigkeit werden wegen des über das Baurecht der Länder hinausgehenden Regelungsgegenstandes in Bezug auf die „Konstruktion" des Gebäudes und wegen einer notwendigen bundeseinheitlichen Regelung im Rahmen des nationalen Arbeitsstättenrechtes getroffen.

Zu 1.2 Abmessungen von Räumen, Luftraum

Die Festlegungen orientieren sich an § 23 der bisherigen Arbeitsstättenverordnung und setzen Ziffer 15.1, Teilsatz 1 des Anhanges I der EG-Arbeitsstättenrichtlinie um.

Auf die Angabe einer Mindestgrundfläche und -höhe wurde aus Gründen der Flexibilität verzichtet. So können z. B. die gemäß Länderbauordnungen differierenden Mindesthöhen für Aufenthaltsräume Berücksichtigung finden.

Ziel der Festlegungen zum Luftraum in Absatz 2 ist es, die recht statischen Anforderungen des bisherigen § 23 Absatz 4 durch eine flexibel angelegte Schutzzielbestimmung zu ersetzen. Die maßlichen Anforderungen an den Luftraum ergeben sich in Abhängigkeit von mehreren Faktoren. Die raumklimatischen Bedingungen, die Grundfläche und Höhe der Räume, die Anzahl der Beschäftigten und ihre körperliche Belastung sowie die Anzahl der nicht ständig anwesenden Personen können betriebsspezifisch variieren.

Zu 1.3 Sicherheits- und Gesundheitsschutzkennzeichnung

Diese Bestimmung enthält grundsätzliche Festlegungen in Bezug auf Sicherheits- und Gesundheitsschutzkennzeichnung am Arbeitsplatz und setzt über einen gleitenden Verweis die EG-Sicherheitskennzeichnungsrichtlinie 92/58/EWG um. Einer Sicherheits- und Gesundheitsschutzkennzeichnung am Arbeitsplatz bedarf es immer dann, wenn die Risiken nicht durch kollektive technische Maßnahmen oder durch arbeitsorganisatorische Maßnahmen vermieden oder ausreichend begrenzt werden können. Die Verwendung einer harmonisierten Kennzeichnung, wie in dieser Richtlinie vorgesehen, trägt dazu bei, die Risiken aufgrund sprachlicher und kultureller Unterschiede in einem Europa mit Freizügigkeit für die Beschäftigten zu minimieren.

Das BMWA wird zur besseren Anwendbarkeit dieser Regelung den Wortlaut der Sicherheitskennzeichnungsrichtlinie einschließlich der Anlagen in der jeweils geltenden Fassung als Serviceleistung im Internet einstellen.

Zu 1.4 Energieverteilungsanlagen

Die Bestimmung enthält Anforderungen an die Konzeption und Ausführung von Anlagen, die die Arbeitsstätten mit Energie (Strom, Gas etc.) versorgen, soweit diese integraler Bestandteil der Arbeitsstätte sind. Sie setzt Ziffer 3 des Anhanges I der EG-Arbeitsstättenrichtlinie und Ziffer 2 des Anhanges IV Teil A der EG-Baustellenrichtlinie um. Durch die Bestimmung zum Schutz vor direktem oder indirektem Berühren von spannungsführenden Teilen soll möglichen Gesundheitsschäden im Falle des Einwirkens von gefährlichen Körperströmen (ab über 50 V Wechsel- und über 120 V Gleichspannung) entgegengewirkt werden. Indirektes Berühren liegt vor, wenn in der Gefahrenzone die Luftstrecke zwischen spannungsführendem Teil und Mensch mit einem Vorlichtbogen überbrückt wird. Spezielle Bedingungen der Arbeitsstätte wie z. B. Feuchträume oder ein besonderer Berührungsschutz müssen berücksichtigt werden.

Zu 1.5 Fußböden, Wände, Decken, Dächer

Die Vorschrift formuliert sicherheitstechnische und hygienische Anforderungen an die genannten Bauelemente. Es wird Ziffer 9 des Anhanges I der EG-Arbeitsstättenrichtlinie, Ziffer 6 des Anhanges IV Teil B Abschnitt I und Ziffer 14.2 des Anhanges IV Teil B Abschnitt II der EG-Baustellenrichtlinie umgesetzt. Die Inhalte korrespondieren mit den §§ 8 und 45 Absatz 3 der bisherigen Arbeitsstättenverordnung.

Zu 1.6 Fenster, Oberlichter

Ausgehend von den bisher im geltenden Arbeitsstättenrecht im § 9 getroffenen Bestimmungen zu Fenstern und Oberlichtern enthält die Regelung notwendige Klarstellungen in Bezug auf Ziffer 10 des Anhangs I der EG-Arbeitsstättenrichtlinie und Ziffer 7 des Anhanges IV Teil B Abschnitt I der EG-Baustellenrichtlinie, die damit vollständig in nationales Recht umgesetzt werden. Dadurch wird entsprechenden Hinweisen der Kommission Rechnung getragen.

Die Regelung in Absatz 1 zielt ausschließlich auf die ausstattungsmäßig vorhandenen Funktionen ab und betrifft nur Fenster, Oberlichter und Lüftungsvorrichtungen, die sich öffnen lassen.

So gehört es zur sicheren Benutzung, dass Fenster, die mit Feststellvorrichtungen versehen sind, sich auch sicher arretieren lassen.

Zu 1.7 Türen, Tore

Die Bestimmung fasst die detaillierten Anforderungen der §§ 10 und 11 der bisherigen Arbeitsstättenverordnung in Form betriebsnaher Schutzziele zusammen und aktualisiert Regelungen zu Notabschalteinrichtungen kraftbetätigter Türen nach dem Stand der Technik. Gleichzeitig wird Ziffer 11 der EG-Arbeitsstättenrichtlinie und Ziffer 9 des Anhanges IV Teil A sowie Ziffer 8 des Anhanges IV Teil B Abschnitt I der EG-Baustellenrichtlinie umgesetzt.

Zu 1.8 Verkehrswege

Umgesetzt werden die Ziffern 12.1 bis 12.4 des Anhanges I der EG-Arbeitsstättenrichtlinie und 10.1. bis 10.4 des Anhanges IV Teil A sowie die Ziffer 9 des Anhanges IV Teil B Abschnitt I der EG-Baustellenrichtlinie. Die Festlegungen des § 17 der bisherigen Arbeitsstättenverordnung werden übernommen. In Absatz 2 sind drei Kategorien von Verkehrswegen zu beachten.

Zu 1.9 Fahrtreppen, Fahrsteige

Der Absatz setzt die Anforderungen der Ziffer 13 des Anhangs I der EG-Arbeitsstättenrichtlinie und die Ziffer 10 des Anhanges IV Teil B Abschnitt I der EG-Baustellenrichtlinie um und entspricht § 18 der bisherigen Arbeitsstättenverordnung.

Zu 1.10 Laderampen

Mit der neu aufgenommenen Regelung, dass die Größe der Laderampen entsprechend den transportierten Lasten auszulegen sind, trägt der Entwurf einer bisher noch nicht hinreichend umgesetzten Anforderung der EG-Arbeitsstättenrichtlinie in Ziffer 14.1 des Anhanges I und der Ziffer 11.1 des Anhanges IV Teil A der EG-Baustellenrichtlinie Rechnung. Darüber hinaus werden die Ziffern 12.1, 14.2 und 14.3 der EG-Arbeitsstättenrichtlinie sowie 10.1, 11.2 und 11.3 des Anhanges IV Teil A der EG-Baustellenrichtlinie umgesetzt. Die Regelung basiert auf § 21 der bisherigen Arbeitsstättenverordnung.

Zu 1.11 Steigleitern, Steigeisengänge

Die Bestimmung setzt Ziffer 12.1 des Anhanges I der EG-Arbeitsstättenrichtlinie sowie Ziffer 10.1 des Anhanges IV Teil A der EG-Baustellenrichtlinie um und fasst § 20 der bisherigen Arbeitsstättenverordnung in Form flexibler Schutzziele zusammen.

Zu 2 Maßnahmen zum Schutz vor besonderen Gefahren

In diesem Abschnitt werden technische und organisatorische Maßnahmen beschrieben, die den Schutz der Beschäftigten vor besonderen arbeitsstättenspezifischen Gefährdungen zum Ziel haben.

Zu 2.1 Schutz vor Absturz und herabfallende Gegenstände

Die Anforderungen setzen Ziffer 12.5 des Anhanges I der EG-Arbeitsstättenrichtlinie und Ziffer 10.4 des Anhanges IV Teil A sowie die Ziffern 5, 10.1 Buchstabe b und 14.1 des Anhanges IV Teil B Abschnitt II der EG-Baustellenrichtlinie in nationales Recht um und übernehmen den § 12 der bisherigen Arbeitsstättenverordnung.

Zu 2.2 Schutz vor Entstehungsbrände

Anknüpfend an die Zielsetzung eines vorbeugenden Schutzes der Beschäftigten vor Brandgefahren in der Arbeitsstätte überführt die Bestimmung die Ziffer 5 des Anhangs I der EG-Arbeitsstättenrichtlinie und die Ziffer 4 Anhang IV Teil A der EG-Baustellenrichtlinie in nationales Recht und stellt § 13 der bisherigen Arbeitsstättenverordnung auf eine neue aktuelle Grundlage.

Zu 2.3 Fluchtwege, Notausgänge

Die Vorschrift greift Anforderungen der EG-Arbeitsstättenrichtlinie in Ziffer 4 des Anhanges I und in Ziffer 3 des Anhanges IV Teil A der EG-Baustellenrichtlinie auf und orientiert sich inhaltlich an § 19 der bisherigen Arbeitsstättenverordnung. Der Weg ins Freie wird vor der Flucht in einen gesicherten Bereich als geeignete Schutzmaßnahme genannt.

Das in Bezug auf Notausgänge in der EG- Arbeitsstättenrichtlinie und der EG-Baustellenrichtlinie u. a. formulierte generelle Verbot von Schiebe- und Karusselltüren als Notausgänge wird unter Beachtung der hierzu eindeutigen begründeten Stellungnahme der EG-Kommission in nationales Recht umgesetzt. Die Anforderung richtet sich aber nur an Türen, die als spezielle Notausgänge konzipiert und ausschließlich im Notfall benutzt werden. Ausgänge am Ende von Fluchtwegen, durch die Beschäftigte im Notfall ebenfalls ins Freie gelangen können, erfasst die Regelung nicht.

Zu 3 Arbeitsbedingungen

Das sichere Betreiben der Arbeitsstätte wird neben anderen Faktoren auch durch die äußeren Arbeitsbedingungen bestimmt. Hierzu enthält Abschnitt 3 die notwendigen grundlegenden Anforderungen.

Zu 3.1 Bewegungsfläche am Arbeitsplatz

Bewegungsfreiheit ist eine Grundbedingung für das Wohlbefinden der Beschäftigten am Arbeitsplatz. Die maßlichen Vorgaben des § 24 der bisherigen Arbeitsstättenverordnung zur Mindestbewegungsfläche werden in eine flexible Schutzzielvorgabe geändert. Damit werden die Anforderungen der Ziffer 15.2 des Anhanges I der EG-Arbeitsstättenrichtlinie umgesetzt.

Zu 3.2 Anordnung der Arbeitsplätze

Die Vorschrift knüpft an die bisherige Bestimmung des § 51 Absatz 2 an und überträgt die Anforderung einer bisher auf Wasserfahrzeuge und schwimmende Anlagen beschränkten Regelung zur sicheren Zugänglichkeit unter dem Blickwinkel der Arbeitsstätte auf alle Arbeitsplätze.

Dabei werden auch die im verfügenden Teil getroffenen Festlegungen über Möglichkeiten, sich im Gefahrenfall rasch in Sicherheit zu bringen (bisheriger § 44 Absatz 3 Ziffer 2), berücksichtigt.

Die im Rahmen der EG-Arbeitsstättenrichtlinie (Ziffer 21.3 c des Anhanges I) und der EG-Baustellenrichtlinie (Ziffer 3.2 des Anhanges IV Teil A) nur für Arbeitsplätze im Freien und auf Baustellen vorgesehenen Anforderungen werden damit im nationalen Recht auf alle Arbeitsplätze erweitert.

Aufgrund von Erfahrungen in der praktischen Arbeitsgestaltung und Hinweisen aus dem Vollzug wurde zusätzlich aufgenommen, dass bei der Anordnung von Arbeitsplätzen darauf zu achten ist, dass die Beschäftigten nicht durch Einwirkungen von außerhalb gefährdet werden.

Zu 3.3. Ausstattung

Die Bestimmung setzt die Vorgaben aus Ziffer 18.1.4 des Anhanges I der EG-Arbeitsstättenrichtlinie und Ziffer 14.1.4 des Anhanges IV Teil A der EG-Baustellenrichtlinie um.

Zu 3.4 Beleuchtung

Die Regelung setzt die Ziffern 8 und 21.2 des Anhanges I der EG-Arbeitsstättenrichtlinie und die Ziffern 8.1, 8.2 und 8.3 des Anhanges IV Teil A und 5 des Anhanges Teil B Abschnitt I der EG-Baustellenrichtlinie um.

Zu 3.5 Raumtemperatur

Im Hinblick auf den Gesundheitsschutz der Beschäftigten werden die Bestimmungen des § 6 der bisherigen Arbeitsstättenverordnung zur Raumtemperatur und des § 9 Abs. 2 zum Schutz vor übermäßiger Sonneneinstrahlung im Lichte der Ziffern 7.1 und 7.3 des Anhanges I der EG-Arbeitsstättenrichtlinie sowie der Ziffern 7 des Anhanges IV Teil A und 4.1 des Anhanges IV Teil B Abschnitt I der EG-Baustellenrichtlinie neu gefasst. Die Anforderungen richten sich neben den Arbeitsräumen auch an „andere Räume" wie Pausen-, Bereitschafts-, Sanitär-, Kantinen- und Erste-Hilfe-Räume.

Zu 3.6 Lüftung

Die Bestimmung formuliert die Anforderungen des § 5 der bisherigen Arbeitsstättenverordnung in zeitgemäßer Form neu und setzt Ziffer 6 des Anhanges I der EG-Arbeitsstättenrichtlinie sowie Ziffer 5 des Anhanges IV Teil A und Ziffer 3 des Anhanges IV Teil B Abschnitt I der EG-Baustellenrichtlinie um.

Zu 3.7 Lärm

Durch die Regelung werden Ziffer 21.3 Buchstabe b des Anhanges I der EG-Arbeitsstättenrichtlinie und Ziffer 6.1 des Anhanges IV Teil A der EG-Baustellenrichtlinie umgesetzt. Der grundlegende Lärmgrenzwert von 85 dB (A) des § 15 Abs. 1 wurde mit dem Ziel der Prävention der Lärmschwerhörigkeit beibehalten.

Zu 4 Sanitärräume, Pausen- und Bereitschaftsräume, Erste-Hilfe-Räume, Unterkünfte

Regelungsgegenstand dieses Abschnitts ist die Festlegung konkretisierender Anforderungen zur Rahmenvorschrift des § 6 in Bezug auf die Verpflichtungen des Arbeitgebers zum Bereitstellen von Räumlichkeiten für hygienische Zwecke oder für Pausen- und Bereitschaftszeiten. Danach müssen die Räume in Abhängigkeit ihres betrieblichen Zweckes bestimmten sicherheitstechnischen, einrichtungstechnischen und hygienischen Anforderungen genügen.

Zu 4.1 Sanitärräume

Die Bestimmung konkretisiert die Ausstattungsanforderungen in Bezug auf Sanitärräume und stimmt inhaltlich mit den Vorgaben von Ziffer 18 des Anhanges I der EG-Arbeitsstättenrichtlinie und Ziffer 14 des Anhanges IV Teil A der EG-Baustellenrichtlinie überein.

Zu 4.2 Pausen- und Bereitschaftsräume

Die Vorschrift regelt die Lage und die Mindestausstattung von Pausen- und Bereitschaftsräumen und entspricht den Ziffern 16.1, 16.2 und 16.4 des Anhanges I der EG-Arbeitsstättenrichtlinie sowie der Ziffer 15.1 bis 15.3 des Anhanges IV Teil A der EG-Baustellenrichtlinie sowie den §§ 29, 30, 45 Absatz 1 Ziffer 2, Absatz 5 der bisherigen Arbeitsstättenverordnung.

Zu 4.3 Erste-Hilfe-Räume

Die Vorschrift enthält Vorgaben zur Kennzeichnung und Ausstattung von Erste-Hilfe-Räumen.

Damit werden die Ziffern 19.2 und 19.3 des Anhanges I der EG-Arbeitsstättenrichtlinie und die Ziffern 13.3 und 13.4 des Anhanges IV Teil A der EG-Baustellenrichtlinie inhaltsgleich zu den bisherigen §§ 38 und 39 umgesetzt.

Zu 4.4 Unterkünfte

Die Bestimmung setzt Ziffer 15.4 des Anhangs IV Teil A der EG-Baustellenrichtlinie um und konkretisiert die im verfügenden Teil neu strukturierte Vorschrift des § 6 Absatz 5 in Bezug auf einzelne Ausstattungsanforderungen und die Zuteilung der Räume.

Zu 5 Ergänzende Anforderungen an besondere Arbeitsstätten

Dieser Abschnitt fasst hinsichtlich nicht allseits umschlossener und im Freien liegender Arbeitsstätten und in Bezug auf Baustellen die Anforderungen zusammen, die den Vorgaben der EG-Arbeitsstättenrichtlinie und der EG-Baustellenrichtlinie sowie dem bisherigen Arbeitsstättenrecht entsprechen und über die im Verfügungsteil und in den Abschnitten 1–4 enthaltenen Anforderungen hinausgehen. Für Baustellen wurden ferner die weiterhin erforderlichen Regelungen der bisherigen Winterbauverordnung einbezogen.

Zu 5.1 Nicht allseits umschlossene und im Freien liegende Arbeitsstätten

Die Vorschrift enthält Anforderungen an Arbeitsstätten zum Schutz vor äußeren Einflüssen für Tätigkeiten, die nicht in umschlossenen Räumen stattfinden. Es handelt sich um die Umsetzung der Vorgaben der Ziffer

21.3 Buchstabe a und b des Anhangs I der EG-Arbeitsstättenrichtlinie, Ziffer 6.1 des Anhanges IV Teil A und Ziffer 3 des Anhanges IV Teil B Abschnitt II der EG-Baustellenrichtlinie, des bisherigen § 42 Arbeitsstättenverordnung und des § 2 Winterbauverordnung.

Zu 5.2 Zusätzliche Anforderungen für Baustellen

Die Regelung beschreibt für den Bereich der Baustellen zusätzlich notwendige, an anderer Stelle des Anhangs noch nicht hinreichend verankerte spezifische Anforderungen aus der EG-Baustellenrichtlinie. Dies betrifft insbesondere Maßnahmen zur Stabilisierung von Materialien und Ausrüstungen, Maßnahmen zum Schutz von Personen, die Verkehrswege auf Baustellen nutzen sowie Sicherheitsvorkehrungen bei speziellen Arbeiten auf Baustellen mit besonderen Gefährdungslagen. Die Bestimmung setzt die Ziffern 1.1, 1.2, 4.2, 5., 6.2, 6.3, 10.2, 11.3, 14.1.4, 18.2, 18.3 des Anhanges IV Teil A und die Ziffern 1.1, 1.2, 2.3, 10 bis 12.2 und 13 des Anhanges IV Teil B Abschnitt II der EG-Baustellenrichtlinie um und übernimmt erforderliche Inhalte der bisherigen §§ 43 bis 49.

2. Artikel 2 – Änderung der Allgemeinen Bundesbergverordnung

Durch Artikel 2 der Verordnung wird der Nichtraucherschutz in die Allgemeine Bundesbergverordnung integriert.

3. Artikel 3 – Aufhebung der Verordnung über besondere Arbeitsschutzanforderungen bei Arbeiten im Freien in der Zeit vom 1. November bis 31. März

Durch Artikel 3 wird die Verordnung über besondere Arbeitsschutzanforderungen bei Arbeiten im Freien in der Zeit vom 1. November bis 31. März aufgehoben, deren Anforderungen in die novellierte Arbeitsstättenverordnung integriert wurden.

4. Artikel 4 – In-Kraft-Treten, Außer-Kraft-Treten

Diese Vorschrift gibt den Zeitpunkt des In-Kraft-Tretens an, gleichzeitig wird die alte Arbeitsstättenverordnung außer Kraft gesetzt.

D. Anlagen

I. Anhänge der EG-Arbeitsstättenrichtlinie

Richtlinie 89/654/EWG des Rates über Mindestvorschriften für Sicherheit und Gesundheitsschutz in Arbeitsstätten (Erste Einzelrichtlinie im Sinne des Artikels 16 Absatz 1 der Richtlinie 89/391/EWG) vom 30.11.1989 (ABl. EG Nr. L 393, S. 1)

Anhang I: Mindestvorschriften für Sicherheit und Gesundheitsschutz in erstmals genutzten Arbeitsstätten nach Artikel 3 der Richtlinie

1 Vorbemerkungen

Die Anforderungen dieses Anhangs gelten in allen Fällen, in denen die Eigenschaften der Arbeitsstätte oder der Tätigkeit, die Umstände oder eine Gefahr dies erfordern.

2 Stabilität und Festigkeit

Gebäude für Arbeitsstätten müssen eine der Nutzungsart entsprechende Konstruktion und Festigkeit aufweisen.

3 Elektrische Anlagen

Elektrische Anlagen müssen so konzipiert und installiert sein, dass von ihnen keine Brand- oder Explosionsgefahr ausgeht und dass Personen vor Unfallgefahren bei direktem oder indirektem Kontakt angemessen geschützt sind.

Bei der Konzeption und der Ausführung sowie der Wahl des Materials und der Schutzvorrichtungen sind die Spannung, die äußeren Einwirkungsbedingungen und die Fachkenntnisse der Personen zu berücksichtigen, die zu Teilen der Anlage Zugang haben.

4 Fluchtwege und Notausgänge

4.1 Fluchtwege und Notausgänge müssen frei von Hindernissen bleiben und auf möglichst kurzem Weg ins Freie oder in einen sicheren Bereich führen.

4.2 Alle Arbeitsplätze müssen bei Gefahr von den Arbeitnehmern schnell und in größter Sicherheit verlassen werden können.

4.3 Anzahl, Anordnung und Abmessungen der Fluchtwege und Notausgänge richten sich nach der Nutzung, der Einrichtung und den Abmessungen der Arbeitsstätten sowie der höchstmöglichen Anzahl der dort anwesenden Personen.

4.4 Türen von Notausgängen müssen sich nach außen öffnen. Türen von Notausgängen dürfen nicht so verschlossen werden, dass sie nicht leicht und unmittelbar von jeder Person geöffnet werden können, die sie im Notfall benutzen müsste.

Schiebe- und Drehtüren sind als Nottüren nicht zulässig.

4.5 Fluchtwege und Notausgänge als solche sind gemäß den innerstaatlichen Bestimmungen zur Umsetzung der Richtlinie 77/576/EWG zu kennzeichnen. Diese Kennzeichnung muss an geeigneten Stellen angebracht und dauerhaft sein.

4.6 Notausgänge dürfen nicht mittels eines Schlüssels verschlossen werden.

Fluchtwege und Notausgänge sowie die dorthin führenden Durchgänge und Türen dürfen nicht durch Gegenstände versperrt werden, so dass sie jederzeit ungehindert benutzt werden können.

4.7 Fluchtwege und Notausgänge, bei denen eine Beleuchtung notwendig ist, müssen für den Fall, dass die Beleuchtung ausfällt, über eine ausreichende Sicherheitsbeleuchtung verfügen.

5 Brandmeldung und -bekämpfung

5.1 In den Arbeitsstätten müssen je nach Abmessungen und Nutzung der Gebäude, nach vorhandenen Einrichtungen, nach physikalischen und chemischen Eigenschaften der vorhandenen Stoffe und nach der größtmöglichen Zahl anwesender Personen Feuerlöscheinrichtungen und erforderlichenfalls Brandmelder und Alarmanlagen vorhanden sein.

5.2 Nichtselbsttätige Feuerlöscheinrichtungen müssen leicht zu erreichen und zu handhaben sein. Sie sind gemäß den innerstaatlichen Bestimmungen zur Umsetzung der Richtlinie 77/576/EWG zu kennzeichnen.

Diese Kennzeichnung muss an geeigneten Stellen angebracht und dauerhaft sein.

6 Lüftung umschlossener Arbeitsräume

6.1 In umschlossenen Arbeitsräumen muss unter Berücksichtigung der Arbeitsverfahren und der körperlichen Beanspruchung der Arbeitnehmer ausreichend gesundheitlich zuträgliche Atemluft vorhanden sein.

Bei Verwendung einer lüftungstechnischen Anlage muss diese jederzeit funktionsfähig sein.

Eine etwaige Störung muss durch eine Warneinrichtung angezeigt werden, wenn dies mit Rücksicht auf die Gesundheit der Arbeitnehmer erforderlich ist.

6.2 Werden Klimaanlagen oder mechanische Belüftungseinrichtungen verwendet, so ist sicherzustellen, dass die Arbeitnehmer keinem störenden Luftzug ausgesetzt sind. Ablagerungen und Verunreinigungen, die zu einer unmittelbaren Gesundheitsgefährdung der Arbeitnehmer durch Verschmutzung der Raumluft führen könnten, müssen rasch beseitigt werden.

7   Raumtemperatur

7.1 In den Arbeitsräumen muss während der Arbeitszeit unter Berücksichtigung der angewandten Arbeitsmethoden und der körperlichen Beanspruchung der Arbeitnehmer eine Raumtemperatur herrschen, die dem menschlichen Organismus angemessen ist.

7.2 In Pausen-, Bereitschafts-, Sanitär-, Kantinen- und Sanitätsräumen muss die Temperatur dem spezifischen Nutzungszweck der Räume entsprechen.

7.3 Fenster, Oberlichter und Glaswände müssen je nach Art der Arbeit und der Arbeitsstätte eine Abschirmung der Arbeitsstätten gegen übermäßige Sonneneinstrahlung ermöglichen.

8   Natürliche und künstliche Beleuchtung der Räume

8.1 Die Arbeitsstätten müssen möglichst ausreichend Tageslicht erhalten und mit Einrichtungen für eine der Sicherheit und dem Gesundheitsschutz der Arbeitnehmer angemessene künstliche Beleuchtung ausgestattet sein.

8.2 Die Beleuchtung der Arbeitsräume und Verbindungswege muss so angebracht sein, dass aus der Art der Beleuchtung keine Unfallgefahr für die Arbeitnehmer entsteht.

8.3 Arbeitsstätten, in denen die Arbeitnehmer bei Ausfall der künstlichen Beleuchtung in besonderem Maße Gefahren ausgesetzt sind, müssen ausreichende Sicherheitsbeleuchtung haben.

9   Fußböden, Wände, Decken und Dächer der Räume

9.1 Die Fußböden der Räume dürfen keine Unebenheiten, Löcher oder gefährliche Neigungen aufweisen; sie müssen befestigt, trittsicher und rutschfest sein.

Wo sich ein Arbeitsplatz befindet, müssen die Arbeitsstätten je nach Art des Unternehmens und der körperlichen Tätigkeit des Arbeitnehmers eine ausreichende Wärmeisolierung aufweisen.

9.2 Die Oberfläche der Fußböden, Decken und Wände muss so beschaffen sein, dass sie sich den hygienischen Erfordernissen entsprechend reinigen und erneuern lässt.

9.3 Durchsichtige oder lichtdurchlässige Wände, insbesondere Ganzglaswände, in Räumen oder im Bereich von Arbeitsplätzen und Verkehrswegen müssen deutlich gekennzeichnet sein und aus Sicherheitswerkstoff bestehen oder so gegen die Arbeitsplätze und Verkehrswege abgeschirmt sein, dass die Arbeitnehmer nicht mit den Wänden in Berührung kommen und beim Zersplittern der Wände nicht verletzt werden können.

9.4 Der Zugang zu Dächern aus Werkstoffen, die keinen ausreichenden Belastungswiderstand bieten, ist nur zulässig, wenn Ausrüstungen zur Verfügung gestellt werden, die eine sichere Ausführung der Arbeit ermöglichen.

10 Fenster und Oberlichter der Räume

10.1 Fenster, Oberlichter und Lüftungsvorrichtungen müssen sich von den Arbeitnehmern sicher öffnen, schließen, verstellen und festlegen lassen. Sie dürfen nicht so angeordnet sein, dass sie in geöffnetem Zustand eine Gefahr für die Arbeitnehmer darstellen.

10.2 Fenster und Oberlichter müssen in Verbindung mit der Einrichtung konzipiert oder mit Vorrichtungen versehen sein, die es ermöglichen, sie ohne Gefährdung der die Reinigung durchführenden Arbeitnehmer sowie der in den Gebäuden und um die Gebäude herum anwesenden Arbeitnehmer zu reinigen.

11 Türen und Tore

11.1 Die Lage, die Anzahl, die bei der Ausführung verwendeten Werkstoffe und die Abmessung der Türen und Tore müssen sich nach der Art und Nutzung der Räume oder Bereiche richten.

11.2 Durchsichtige Türen müssen in Augenhöhe gekennzeichnet sein.

11.3 Schwingtüren und -tore müssen durchsichtig sein oder Sichtfenster haben.

11.4 Bestehen durchsichtige oder lichtdurchlässige Flächen von Türen und Toren nicht aus Sicherheitsmaterial und ist zu befürchten, dass sich Arbeitnehmer beim Zersplittern der Flächen verletzen können, so sind diese Flächen gegen Eindrücken zu schützen.

11.5 Schiebetüren müssen gegen Ausheben und Herausfallen gesichert sein.

11.6 Türen und Tore, die sich nach oben öffnen, müssen gegen Herabfallen gesichert sein.

11.7 Türen im Verlauf von Fluchtwegen müssen angemessen gekennzeichnet sein. Sie müssen sich jederzeit von innen ohne besondere Hilfsmittel öffnen lassen. Solange sich Arbeitnehmer in der Arbeitsstätte befinden, müssen die Türen sich öffnen lassen.

11.8 In unmittelbarer Nähe von Toren, die vorwiegend für den Fahrzeugverkehr bestimmt sind, müssen gut sichtbar gekennzeichnete und stets zugängliche Türen für den Fußgängerverkehr vorhanden sein, es sei denn, der Durchgang ist für Fußgänger ungefährlich.

11.9 Kraftbetätigte Türen und Tore müssen ohne Gefährdung der Arbeitnehmer bewegt werden können. Sie müssen mit gut erkennbaren und leicht zugänglichen Notabschalteinrichtungen ausgestattet und auch von Hand zu öffnen sein, sofern sie sich bei Stromausfall nicht automatisch öffnen.

12 Verkehrswege – Gefahrenbereiche

12.1 Verkehrswege, einschließlich Treppen, fest angebrachten Steigleitern und Laderampen, müssen so angelegt und bemessen sein, dass sie je nach ihrem Bestimmungszweck leicht und sicher begangen oder befahren werden können und in der Nähe beschäftigte Arbeitnehmer nicht gefährdet werden.

12.2 Die Bemessung der Verkehrswege, die dem Personen- und/oder Güterverkehr dienen, muss sich nach der Zahl der möglichen Benutzer und der Art des Betriebs richten.

Werden Beförderungsmittel auf Verkehrswegen verwendet, so muss für Fußgänger ein ausreichender Sicherheitsabstand gewahrt werden.

12.3 Verkehrswege für Fahrzeuge müssen an Türen, Toren, Fußgängerwegen, Durchgängen und Treppenaustritten in ausreichendem Abstand vorbeiführen.

12.4 Soweit aufgrund der Nutzung und Einrichtung der Räume zum Schutz der Arbeitnehmer erforderlich, müssen die Begrenzungen der Verkehrswege gekennzeichnet sein.

12.5 Befinden sich in den Arbeitsstätten durch die Art der Arbeit bedingte Gefahrenbereiche, in denen Sturzgefahr für die Arbeitnehmer oder die Gefahr des Herabfallens von Gegenständen besteht, so müssen diese Bereiche nach Möglichkeit mit Vorrichtungen ausgestattet sein, die unbefugte Arbeitnehmer am Betreten dieser Bereiche hindern.

Zum Schutz der Arbeitnehmer, die zum Betreten der Gefahrenbereiche befugt sind, sind entsprechende Vorkehrungen zu treffen.

Die Gefahrenbereiche müssen gut sichtbar gekennzeichnet sein.

13 Besondere Anforderungen an Rolltreppen und Rollsteige

Rolltreppen und Rollsteige müssen sicher funktionieren.

Sie müssen mit den notwendigen Sicherheitsvorrichtungen ausgestattet sein.

Sie müssen durch gut erkennbare und leicht zugängliche Notabschalteinrichtungen stillgelegt werden können.

14 Laderampen

14.1 Laderampen sind den Abmessungen der transportierten Lasten entsprechend auszulegen.

14.2 Laderampen müssen mindestens einen Abgang haben.

Soweit es betriebstechnisch möglich ist, müssen Laderampen, die eine bestimmte Länge überschreiten, in jedem Endbereich einen Abgang haben.

14.3 Bei Laderampen müssen die Arbeitnehmer nach Möglichkeit gegen Abstürzen gesichert sein.

15 Raumabmessungen und Luftraum der Räume, Bewegungsfläche am Arbeitsplatz

15.1 Arbeitsräume müssen eine ausreichende Grundfläche und Höhe sowie einen ausreichenden Luftraum aufweisen, so dass die Arbeitnehmer ohne Beeinträchtigung ihrer Sicherheit, ihrer Gesundheit oder ihres Wohlbefindens ihre Arbeit verrichten können.

15.2 Die freie unverstellte Fläche am Arbeitsplatz muss so bemessen sein, dass sich die Arbeitnehmer bei ihrer Tätigkeit ungehindert bewegen können.

Kann dieser Anforderung aus arbeitsplatztechnischen Gründen nicht entsprochen werden, muss dem Arbeitnehmer in der Nähe des Arbeitsplatzes eine andere ausreichend große Bewegungsfläche zur Verfügung stehen.

16 Pausenräume

16.1 Den Arbeitnehmern ist ein leicht erreichbarer Pausenraum zur Verfügung zu stellen, wenn Sicherheits- oder Gesundheitsgründe, insbesondere wegen der Art der ausgeübten Tätigkeit oder der eine bestimmte Obergrenze übersteigenden Anzahl der im Betrieb beschäftigten Personen, dies erfordern.

Dies gilt nicht, wenn die Arbeitnehmer in Büroräumen oder vergleichbaren Arbeitsräumen beschäftigt sind und dort gleichwertige Voraussetzungen für eine Erholung während der Pausen gegeben sind.

16.2 Pausenräume müssen ausreichend bemessen und der Zahl der Arbeitnehmer entsprechend mit Tischen und Sitzgelegenheiten mit Rückenlehne ausgestattet sein.

16.3 In den Pausenräumen sind angemessene Maßnahmen zum Schutz der Nichtraucher vor Belästigung durch Tabakrauch zu treffen.

16.4 Fallen in die Arbeitszeit regelmäßig und häufig Arbeitsbereitschaftszeiten und sind keine Pausenräume vorhanden, so sind andere Räume zur Verfügung zu stellen, in denen sich die Arbeitnehmer während der Dauer der Arbeitsbereitschaft aufhalten können, wenn Gesundheits- oder Sicherheitsgründe dies erfordern.

In diesen Räumen sind angemessene Maßnahmen zum Schutz der Nichtraucher vor Belästigung durch Tabakrauch vorzusehen.

17 Schwangere Frauen und stillende Mütter

Schwangere Frauen und stillende Mütter müssen sich unter geeigneten Bedingungen hinlegen und ausruhen können.

18 Sanitärräume

18.1 Umkleideräume, Kleiderschränke

18.1.1 Den Arbeitnehmern sind geeignete Umkleideräume zur Verfügung zu stellen, wenn sie bei ihrer Tätigkeit besondere Arbeitskleidung tragen müssen und es ihnen aus gesundheitlichen oder sittlichen Gründen nicht zuzumuten ist, sich in einem anderen Raum umzukleiden.

Die Umkleideräume müssen leicht zugänglich, von ausreichender Größe und mit Sitzgelegenheiten ausgestattet sein.

18.1.2 Die Umkleideräume müssen mit abschließbaren Einrichtungen ausgestattet sein, in denen jeder Arbeitnehmer seine Kleidung während der Arbeitszeit aufbewahren kann.

Kleiderschränke für Arbeitskleidung sind von Kleiderschränken für Privatkleidung zu trennen, wenn die Umstände dies erfordern (z. B. Umgang mit gefährlichen Stoffen, Feuchtigkeit, Schmutz).

18.1.3 Für Frauen und Männer sind getrennte Umkleideräume oder aber eine getrennte Benutzung dieser Räume vorzusehen.

18.1.4 Wenn Umkleideräume nach Ziffer 18.1.1. nicht erforderlich sind, muss für jeden Arbeitnehmer eine Kleiderablage vorhanden sein.

18.2 Duschen, Waschgelegenheiten

18.2.1 Den Arbeitnehmern sind in ausreichender Zahl geeignete Duschen zur Verfügung zu stellen, wenn es die Art der Tätigkeit oder gesundheitliche Gründe erfordern.

Für Frauen und Männer sind getrennte Duschräume oder eine getrennte Benutzung der Duschräume vorzusehen.

18.2.2 Die Duschräume müssen ausreichend bemessen sein, damit jeder Arbeitnehmer sich den hygienischen Erfordernissen entsprechend ungehindert reinigen kann.

Die Duschen müssen fließendes kaltes und warmes Wasser haben.

18.2.3 Wenn Duschen nach Ziffer 18.2.1. erster Unterabsatz nicht erforderlich sind, müssen ausreichende und angemessene Waschgelegenheiten mit fließendem Wasser (erforderlichenfalls mit warmem Wasser) in der Nähe des Arbeitsplatzes und der Umkleideräume vorhanden sein.

Für Frauen und Männer sind getrennte Waschgelegenheiten oder eine getrennte Benutzung der Waschgelegenheiten vorzusehen, wenn dies aus sittlichen Gründen notwendig ist.

18.2.4 Duschen oder Waschgelegenheiten und Umkleideräume, die voneinander getrennt sind, müssen untereinander leicht erreichbar sein.

18.3 Toiletten und Handwaschbecken

Den Arbeitnehmern sind in der Nähe der Arbeitsplätze, der Pausenräume, der Umkleideräume und der Duschen bzw. Waschgelegenheiten spezielle Räume mit einer ausreichenden Zahl von Toiletten und Handwaschbecken zur Verfügung zu stellen.

Für Frauen und Männer sind getrennte Toiletten oder eine getrennte Benutzung der Toiletten vorzusehen.

19 Räume für die erste Hilfe

19.1 Wenn die Größe der Räumlichkeiten, die Art der dort ausgeübten Tätigkeit und die Unfallhäufigkeit es erfordert, sind ein oder mehrere Räume für die erste Hilfe vorzusehen.

19.2 Die Räume für die erste Hilfe müssen mit den erforderlichen Erste-Hilfe-Einrichtungen und -Materialien ausgestattet und leicht für Personen mit Krankentragen zugänglich sein.

Sie sind entsprechend den einzelstaatlichen Rechtsvorschriften zur Umsetzung der Richtlinie 77/576/EWG zu kennzeichnen.

19.3 Eine Erste-Hilfe-Ausstattung muss ferner überall dort aufbewahrt werden, wo die Arbeitsbedingungen dies erforderlich machen.

Die Aufbewahrungsstellen müssen als solche gekennzeichnet und gut erreichbar sein.

20 Behinderte Arbeitnehmer

Die Arbeitsstätten sind gegebenenfalls behindertengerecht zu gestalten.

Dies gilt insbesondere für Türen, Verbindungswege, Treppen, Duschen, Waschgelegenheiten und Toiletten, die von Behinderten benutzt werden, sowie für Arbeitsplätze, an denen Behinderte unmittelbar tätig sind.

21 Arbeitsstätten im Freien (besondere Bestimmungen)

21.1 Arbeitsplätze, Verkehrswege und sonstige Stellen oder Einrichtungen im Freien, die von den Arbeitnehmern während ihrer Tätigkeit benutzt oder betreten werden müssen, sind so zu gestalten, dass sie sicher begangen und befahren werden können.

Die Ziffern 12, 13 und 14 gelten ebenfalls für Hauptverkehrswege auf dem Betriebsgelände (Verkehrswege zu ortsgebundenen Arbeitsplätzen), für Verkehrswege, die der regelmäßigen Wartung und Überwachung der Betriebseinrichtungen dienen, sowie für Laderampen.

Die in Ziffer 12 vorgesehenen Bestimmungen gelten für Arbeitsstätten im Freien entsprechend.

21.2 Arbeitsstätten im Freien müssen künstlich beleuchtet werden, wenn das Tageslicht nicht ausreicht.

21.3 Werden die Arbeitnehmer im Freien beschäftigt, so sind die Arbeitsplätze nach Möglichkeit so einzurichten, dass die Arbeitnehmer gegen Witterungseinflüsse und gegebenenfalls gegen das Herabfallen von Gegenständen geschützt sind, weder Geräuschen mit einem für die Gesundheit unzuträglichen Lärmpegel noch schädlichen Wirkungen von außen (z. B. Gasen, Dämpfen, Staub) ausgesetzt sind, bei Gefahr rasch ihren Arbeitsplatz verlassen können bzw. ihnen rasch Hilfe geleistet werden kann, nicht ausgleiten oder abstürzen können.

Anhang II Mindestvorschriften für Sicherheit und Gesundheitsschutz in bereits genutzten Arbeitsstätten nach Artikel 4 der Richtlinie

1 Vorbemerkung

Die Anforderungen dieses Anhangs gelten in allen Fällen, in denen die Eigenschaften der Arbeitsstätte oder der Tätigkeit, die Umstände oder eine Gefahr dies erfordern.

2 Stabilität und Festigkeit

Gebäude für Arbeitsstätten müssen eine der Nutzungsart entsprechende Konstruktion und Festigkeit aufweisen.

3 Elektrische Anlagen

Von elektrischen Anlagen darf keine Brand- oder Explosionsgefahr ausgehen; Personen müssen angemessen vor Unfallgefahren bei direktem oder indirektem Kontakt geschützt sein.

Bei der elektrischen Anlage und den Schutzvorrichtungen sind die Spannung, die äußeren Einwirkungsbedingungen und die Fachkenntnisse der Personen zu berücksichtigen, die zu Teilen der Anlage Zugang haben.

4 Fluchtwege und Notausgänge

4.1 Fluchtwege und Notausgänge müssen frei von Hindernissen bleiben und auf möglichst kurzem Weg ins Freie oder in einen sicheren Bereich führen.

4.2 Alle Arbeitsplätze müssen bei Gefahr von den Arbeitnehmern schnell und in größter Sicherheit verlassen werden können.

4.3 Fluchtwege und Notausgänge müssen in ausreichender Anzahl vorhanden sein.

4.4 Türen von Notausgängen müssen sich nach außen öffnen.

Türen von Notausgängen dürfen nicht so verschlossen werden, dass sie nicht leicht und unmittelbar von jeder Person geöffnet werden können, die sie im Notfall benutzen müsste.

Schiebe- und Drehtüren sind als Nottüren nicht zulässig.

4.5 Fluchtwege und Notausgänge als solche sind gemäß den innerstaatlichen Bestimmungen zur Umsetzung der Richtlinie 77/576/EWG zu kennzeichnen.

Diese Kennzeichnung muss an geeigneten Stellen angebracht und dauerhaft sein.

4.6 Notausgänge dürfen nicht mittels eines Schlüssels verschlossen werden.

Fluchtwege und Notausgänge sowie die dorthin führenden Durchgänge und Türen dürfen nicht durch Gegenstände versperrt werden, so dass sie jederzeit ungehindert benutzt werden können.

4.7 Fluchtwege und Notausgänge, bei denen eine Beleuchtung notwendig ist, müssen für den Fall, dass die Beleuchtung ausfällt, über eine ausreichende Sicherheitsbeleuchtung verfügen.

5 Brandmeldung und -bekämpfung

5.1 In den Arbeitsstätten müssen je nach Abmessung und Nutzung der Gebäude, nach vorhandenen Einrichtungen, nach physikalischen und chemischen Eigenschaften der vorhandenen Stoffe und nach der größtmöglichen Zahl anwesender Personen Feuerlöscheinrichtungen und erforderlichenfalls Brandmelder und Alarmanlagen vorhanden sein.

5.2 Nichtselbstständige Feuerlöscheinrichtungen müssen leicht zu erreichen und zu handhaben sein.

Sie sind gemäß den innerstaatlichen Bestimmungen zur Umsetzung der Richtlinie 77/576/EWG zu kennzeichnen.

Diese Kennzeichnung muss an geeigneten Stellen angebracht und dauerhaft sein.

6 Lüftung umschlossener Arbeitsräume

In umschlossenen Arbeitsräumen muss unter Berücksichtigung der Arbeitsverfahren und der körperlichen Beanspruchung der Arbeitnehmer ausreichend gesundheitlich zuträgliche Atemluft vorhanden sein.

Bei Verwendung einer lüftungstechnischen Anlage muss diese jederzeit funktionsfähig sein.

Eine etwaige Störung muss durch eine Warneinrichtung angezeigt werden, wenn dies mit Rücksicht auf die Gesundheit der Arbeiter erforderlich ist.

7 Raumtemperatur

7.1 In den Arbeitsräumen muss während der Arbeitszeit unter Berücksichtigung der angewandten Arbeitsmethoden und der körperlichen Beanspruchung der Arbeitnehmer eine Raumtemperatur herrschen, die dem menschlichen Organismus angemessen ist.

7.2 In Pausen-, Bereitschafts-, Sanitär-, Kantinen- und Sanitätsräumen muss die Temperatur dem spezifischen Nutzungszweck der Räume entsprechen.

8 Natürliche und künstliche Beleuchtung der Räume

8.1 Die Arbeitsstätten müssen möglichst ausreichend Tageslicht erhalten und mit Einrichtungen für eine der Sicherheit und dem Gesundheitsschutz der Arbeitnehmer angemessene künstliche Beleuchtung ausgestattet sein.

8.2 Arbeitsstätten, in denen die Arbeitnehmer bei Ausfall der künstlichen Beleuchtung in besonderem Maße Gefahren ausgesetzt sind, müssen eine ausreichende Sicherheitsbeleuchtung haben.

9 Türen und Tore

9.1 Durchsichtige Türen müssen in Augenhöhe gekennzeichnet sein.

9.2 Schwingtüren und -tore müssen durchsichtig sein oder Sichtfenster haben.

10 Gefahrenbereiche

Befinden sich in den Arbeitsstätten durch die Art der Arbeit bedingte Gefahrenbereiche, in denen Sturzgefahr für die Arbeitnehmer oder die Gefahr des Herabfallens von Gegenständen besteht, so müssen diese Bereiche nach Möglichkeit mit Vorrichtungen ausgestattet sein, die unbefugte Arbeitnehmer am Betreten dieser Bereiche hindern.

Zum Schutz der Arbeitnehmer, die zum Betreten der Gefahrenbereiche befugt sind, sind entsprechende Vorkehrungen zu treffen.

Die Gefahrenbereiche müssen gut sichtbar gekennzeichnet sein.

11 Pausenräume und Pausenbereiche

11.1 Den Arbeitnehmern ist ein leicht erreichbarer Pausenraum oder entsprechender Pausenbereich zur Verfügung zu stellen, wenn Sicherheits- oder Gesundheitsgründe, insbesondere wegen der Art der ausgeübten Tätigkeit oder der eine bestimmte Obergrenze übersteigenden Anzahl der im Betrieb beschäftigten Personen, dies erfordern.

Dies gilt nicht, wenn die Arbeitnehmer in Büroräumen oder vergleichbaren Arbeitsräumen beschäftigt sind und dort gleichwertige Voraussetzungen für eine Erholung während der Pausen gegeben sind.

11.2 Pausenräume und Pausenbereiche müssen mit Tischen und Sitzgelegenheiten mit Rückenlehne ausgestattet sein.

11.3 In den Pausenräumen und Pausenbereichen sind angemessene Maßnahmen zum Schutz der Nichtraucher vor Belästigungen durch Tabakrauch zu treffen.

12 Schwangere Frauen und stillende Mütter

Schwangere Frauen und stillende Mütter müssen sich unter geeigneten Bedingungen hinlegen und ausruhen können.

13 Sanitärräume

13.1 Umkleideräume, Kleiderschränke

13.1.1 Den Arbeitnehmern sind geeignete Umkleideräume zur Verfügung zu stellen, wenn sie bei ihrer Tätigkeit besondere Arbeitskleidung tragen müssen und es ihnen aus gesundheitlichen oder sittlichen Gründen nicht zuzumuten ist, sich in einem anderen Raum umzukleiden.

Die Umkleideräume müssen leicht zugänglich und von ausreichender Größe sein.

13.1.2 Diese Umkleideräume müssen mit abschließbaren Einrichtungen ausgestattet sein, in denen jeder Arbeitnehmer seine Kleidung während der Arbeitszeit aufbewahren kann.

Kleiderschränke für Arbeitskleidung sind von Kleiderschränken für Privatkleidung zu trennen, wenn die Umstände dies erfordern (z. B. Umgang mit gefährlichen Stoffen, Feuchtigkeit, Schmutz).

13.1.3 Für Frauen und Männer sind getrennte Umkleideräume oder aber eine getrennte Benutzung dieser Räume vorzusehen.

13.2 Duschen, Toiletten und Handwaschbecken

13.2.1 Die Arbeitsplätze sind so einzurichten, dass den Arbeitnehmern in der Nähe des Arbeitsplatzes Folgendes zur Verfügung steht:

- Duschen, wenn die Art ihrer Tätigkeit dies erfordert;
- besondere Räume, die mit Toiletten und Handwaschbecken in ausreichender Zahl ausgestattet sind.

13.2.2 Die Duschen und Waschgelegenheiten müssen fließendes Wasser (erforderlichenfalls warmes Wasser) haben.

13.2.3 Für Frauen und Männer sind getrennte Duschen oder aber eine getrennte Benutzung dieser Duschen vorzusehen.

Für Frauen und Männer sind getrennte Toiletten oder aber eine getrennte Benutzung der Toiletten vorzusehen.

14 Mittel für die erste Hilfe

Die Arbeitsstätten müssen mit Mitteln für die erste Hilfe ausgestattet sein.

Diese Erste-Hilfe-Mittel müssen entsprechend gekennzeichnet und leicht zugänglich sein.

15 Behinderte Arbeitnehmer

Die Arbeitsstätten sind gegebenenfalls behindertengerecht zu gestalten. Dies gilt insbesondere für Türen, Verbindungswege, Treppen, Duschen, Waschgelegenheiten und Toiletten, die von Behinderten benutzt werden sowie für Arbeitsplätze, an denen behinderte Arbeitnehmer unmittelbar tätig sind.

16 Verkehr von Fußgängern und Fahrzeugen

Arbeitsplätze in geschlossenen Räumen und im Freien sind so zu gestalten, dass sie sicher begangen und befahren werden können.

17 Arbeitsstätten im Freien (besondere Bestimmungen)

Werden die Arbeitnehmer auf Arbeitsplätzen im Freien beschäftigt, so sind die Arbeitsplätze nach Möglichkeit so einzurichten, dass die Arbeitnehmer gegen Witterungseinflüsse und gegebenenfalls gegen das Herabfallen von Gegenständen geschützt sind, weder Geräuschen mit einem für die Gesundheit unzuträglichen Lärmpegel noch schädlichen Wirkungen von außen (z. B. Gasen, Dämpfen, Staub) ausgesetzt sind, bei Gefahr rasch ihren Arbeitsplatz verlassen können bzw. ihnen rasch Hilfe geleistet werden kann, nicht ausgleiten oder abstürzen können.

II. Anhänge der EG-Baustellenrichtlinie

Richtlinie 92/57/EWG des Rates über die auf zeitlich begrenzte oder ortsveränderliche Baustellen anzuwendenden Mindestvorschriften für die Sicherheit und den Gesundheitsschutz (Achte Einzelrichtlinie im Sinne des Artikels 16 Absatz 1 der Richtlinie 89/391/EWG) vom 24.06.1992 (ABl. EG Nr. L 245, S. 6)

Anhang IV Mindestvorschriften für Sicherheit und Gesundheitsschutz auf Baustellen

Die Anforderungen dieses Anhangs gelten immer dann, wenn die Merkmale der Baustelle oder der Tätigkeit, die Umstände oder eine entsprechende Gefahr dies erfordern.

Als Räume im Sinne dieses Anhangs gelten auch Baubaracken.

D. Anlagen

Anhang IV Teil A
Allgemeine Mindestvorschriften für Arbeitsstätten auf Baustellen

1. Standsicherheit und Festigkeit

1.1. Materialien, Ausrüstungen und ganz allgemein alle Elemente, die durch Ortsveränderung die Sicherheit und die Gesundheit der Arbeitnehmer beinträchtigen können, müssen auf eine geeignete und sichere Art und Weise stabilisiert werden.

1.2. Der Zugang zu Flächen aus Werkstoffen, die keine ausreichende Festigkeit bieten, ist nur zulässig, wenn Ausrüstungen oder geeignete Vorrichtungen zur Verfügung gestellt werden, die eine sichere Ausführung der Arbeit ermöglichen.

2. Energieverteilungsanlagen

2.1. Die Anlagen müssen so konzipiert, installiert und eingesetzt werden, dass von ihnen keine Brand- und Explosionsgefahr ausgeht und dass die Personen in angemessener Weise vor den Gefahren eines Stromschlags durch direkten oder indirekten Kontakt geschützt sind.

2.2. Bei Konzeption, Installation und Auswahl von Material und Schutzvorrichtungen sind Art und Stärke der verteilten Energie, die äußeren Einwirkungsbedingungen und die Fachkenntnisse der Personen zu berücksichtigen, die Zugang zu Teilen der Anlage haben.

3. Fluchtwege und Notausgänge

3.1. Fluchtwege und Notausgänge müssen frei von Hindernissen bleiben und auf möglichst kurzem Weg in einen sicheren Bereich führen.

3.2. Alle Arbeitsplätze müssen bei Gefahr von den Arbeitnehmern schnell und in größter Sicherheit verlassen werden können.

3.3. Anzahl, Anordnung und Abmessungen der Fluchtwege und Ausgänge richten sich nach Nutzung, Einrichtung und Abmessungen der Baustelle und der Räume sowie nach der höchstmöglichen Anzahl der dort anwesenden Personen.

3.4. Fluchtwege und Notausgänge als solche sind gemäß den innerstaatlichen Bestimmungen zur Umsetzung der Richtlinie 77/576/EWG zu kennzeichnen.

Diese Kennzeichnung muss ausreichend dauerhaft und an geeigneten Stellen angebracht sein.

3.5. Fluchtwege und Notausgänge sowie die dorthin führenden Durchgänge und Türen dürfen nicht durch Gegenstände versperrt werden, so dass sie jederzeit ungehindert benutzt werden können.

3.6. Notausgänge und Fluchtwege, bei denen eine Beleuchtung notwendig ist, müssen für den Fall, dass die Beleuchtung ausfällt, über eine ausreichende Sicherheitsbeleuchtung verfügen.

4. Brandmeldung und -bekämpfung

4.1. Je nach Merkmalen der Baustelle und nach Abmessungen und Nutzung der Räume, vorhandenen Einrichtungen, physikalischen und chemischen Eigenschaften der vorhandenen Substanzen oder Materialien sowie der höchstmöglichen Anzahl der anwesenden Personen müssen eine ausreichende Anzahl von geeigneten Feuerlöscheinrichtungen und, soweit erforderlich, Brandmelde- und Alarmanlagen vorgesehen werden.

4.2. Diese Feuerlöscheinrichtungen und Brandmelde- und Alarmanlagen müssen regelmäßig überprüft und instand gehalten werden.

In regelmäßigen Abständen sind geeignete Versuche und Übungen durchzuführen.

4.3. Nichtselbständige Feuerlöscheinrichtungen müssen leicht zu erreichen und zu handhaben sein. Sie sind gemäß den innerstaatlichen Bestimmungen zur Umsetzung der Richtlinie 77/576/EWG zu kennzeichnen.

Diese Kennzeichnung muss ausreichend dauerhaft und an geeigneten Stellen angebracht sein.

5. Lüftung

Unter Berücksichtigung der Arbeitsverfahren und der körperlichen Beanspruchung der Arbeitnehmer ist dafür zu sorgen, dass ausreichend gesundheitlich zuträgliche Atemluft vorhanden ist.

Wird eine Lüftungsanlage benutzt, so muss sie in betriebsbereitem Zustand gehalten werden, und die Arbeitnehmer dürfen keinem gesundheitsschädigenden Luftzug ausgesetzt sein.

Ein Kontrollsystem muss jede Störung anzeigen, falls dies für die Gesundheit der Arbeitnehmer erforderlich ist.

6. Arbeit unter besonderen Gefahren

6.1. Die Arbeitnehmer dürfen keinem schädigenden Geräuschpegel und keiner äußeren Schadeinwirkung (z. B. Gase, Dämpfe, Stäube) ausgesetzt werden.

6.2. Wenn Arbeitnehmer einen Bereich betreten müssen, in dem die Luft einen giftigen oder schädlichen Stoff bzw. unzureichend Sauerstoff enthält oder entzündbar sein kann, ist die Luft in diesem Bereich zu überwachen und sind geeignete Maßnahmen zu treffen, um jeglicher Gefahr vorzubeugen.

6.3. Ein Arbeitnehmer darf auf keinen Fall allein in einem Bereich arbeiten, in dem hinsichtlich der Luft erhöhte Gefahr besteht.

Er muss zumindest ständig von außen überwacht werden, und es sind alle geeigneten Vorkehrungen zu treffen, um eine wirksame und sofortige Hilfeleistung zu ermöglichen.

7. Temperatur

Während der Arbeitszeit muss unter Berücksichtigung der angewandten Arbeitsmethoden und der körperlichen Beanspruchung der Arbeitnehmer eine Temperatur herrschen, die für den menschlichen Organismus angemessen ist.

8. Natürliche und künstliche Beleuchtung der Arbeitsplätze, der Räume und der Verkehrswege auf der Baustelle

8.1. Arbeitsplätze, Räume und Verkehrswege müssen soweit wie möglich über genügend Tageslicht verfügen und nachts sowie bei schlechtem Tageslicht auf geeignete und ausreichende Weise künstlich beleuchtet werden; gegebenenfalls sind stoßsichere tragbare Lichtquellen zu benutzen.

Durch die für die künstliche Beleuchtung verwendete Farbe darf die Wahrnehmung von Signalen oder Warnschildern nicht gestört oder beeinflusst werden.

8.2. Die Beleuchtung der Räume, Arbeitsplätze und Verkehrswege muss so angebracht sein, dass aus der Art der vorgesehenen Beleuchtung keine Unfallgefahr für die Arbeitnehmer entsteht.

8.3. Räume, Arbeitsplätze und Verkehrswege, bei denen die Arbeitnehmer bei Ausfall der künstlichen Beleuchtung in besonderem Maße Gefahren ausgesetzt sind, müssen eine ausreichende Sicherheitsbeleuchtung haben.

9. Türen und Tore

9.1. Schiebetüren müssen gegen Ausheben und Herausfallen gesichert sein.

9.2. Türen und Tore, die sich nach oben öffnen, müssen gegen Herabfallen gesichert sein.

9.3. Türen und Tore im Verlauf von Fluchtwegen müssen angemessen gekennzeichnet sein.

9.4. In unmittelbarer Nähe von Toren, die vorwiegend für den Fahrzeugverkehr bestimmt sind, müssen gut sichtbar gekennzeichnete und stets
zugängliche Türen für den Fußgängerverkehr vorhanden sein, es sei
denn, der Durchgang für Fußgänger ist ungefährlich.

9.5. Kraftbetätigte Türen und Tore müssen ohne Gefährdung der Arbeitnehmer bewegt werden können.

Sie müssen mit gut erkennbaren und leicht zugänglichen Notabschalteinrichtungen ausgestattet und auch von Hand zu öffnen sein, sofern
sie sich bei Stromausfall nicht automatisch öffnen.

10. Verkehrswege – Gefahrenbereiche

10.1. Verkehrswege, einschließlich Treppen, fest angebrachte Steigleitern und Laderampen, müssen so berechnet, angeordnet, gestaltet und
bemessen sein, dass sie nach ihrem Bestimmungszweck leicht und sicher begangen oder befahren werden können und in der Nähe beschäftigte Arbeitnehmer nicht gefährdet werden.

10.2. Die Bemessung der Verkehrswege, die dem Personen- und/oder
Güterverkehr dienen, einschließlich der Verkehrswege für Be- und Ent-
ladearbeiten, muss sich nach der Zahl der möglichen Benutzer und der
Art der Tätigkeit richten.

Werden Beförderungsmittel auf Verkehrswegen verwendet, so müssen
für andere Benutzer ein ausreichender Sicherheitsabstand oder geeignete Schutzvorrichtungen vorgesehen werden.

Die Wege müssen klar gekennzeichnet sein und regelmäßig überprüft
und gewartet werden.

10.3. Verkehrswege für Fahrzeuge müssen an Türen, Toren, Durchgängen, Durchfahrten und Treppenauftritten in ausreichendem Abstand
vorbeiführen.

10.4. Befinden sich auf der Baustelle Bereiche mit beschränktem Zutritt,
so müssen diese Bereiche mit Vorrichtungen ausgestattet sein, die unbefugte Arbeitnehmer am Betreten dieser Bereiche hindern.

Zum Schutz der Arbeitnehmer, die zum Betreten der Gefahrenbereiche
befugt sind, müssen entsprechende Vorkehrungen getroffen werden.

Die Gefahrenbereiche müssen gut sichtbar gekennzeichnet sein.

11. Laderampen

11.1. Laderampen sind den Abmessungen der transportierten Lasten
entsprechend auszulegen.

11.2. Laderampen müssen mindestens einen Abgang haben.

11.3. Bei Laderampen müssen die Arbeitnehmer gegen Abstürze gesichert sein.

12. Bewegungsfläche am Arbeitsplatz

Die Fläche des Arbeitsplatzes ist so vorzusehen, dass die Arbeitnehmer bei ihrer Tätigkeit unter Berücksichtigung der erforderlichen Ausrüstungen und Geräte über genügend Bewegungsfreiheit verfügen.

13. Erste Hilfe

13.1. Der Arbeitgeber hat sicherzustellen, dass jederzeit erste Hilfe geleistet werden kann und entsprechend ausgebildetes Personal zur Verfügung steht.

Es sind Maßnahmen zu treffen, um den Abtransport von Arbeitnehmern, die von einem Unfall oder plötzlichem Unwohlsein betroffen sind, zur ärztlichen Behandlung sicherzustellen.

13.2. Wenn die Größe der Baustelle oder die Art der Tätigkeiten es erfordert, sind eine oder mehrere Räumlichkeiten für die erste Hilfe vorzusehen.

13.3. Die Räumlichkeiten für die erste Hilfe müssen mit den erforderlichen Erste-Hilfe-Einrichtungen und -Materialien ausgestattet und leicht für Personen mit Krankentragen zugänglich sein.

Sie sind entsprechend den einzelstaatlichen Rechtsvorschriften zur Umsetzung der Richtlinie 77/576/EWG zu kennzeichnen.

13.4. Die erforderlichen Mittel für die erste Hilfe müssen außerdem überall dort aufbewahrt werden, wo die Arbeitsbedingungen dies erforderlich machen.

Die Aufbewahrungsstellen müssen als solche gekennzeichnet und gut erreichbar sein.

An einer deutlich gekennzeichneten Stelle müssen Anschrift und Telefonnummer des örtlichen Rettungsdienstes angegeben sein.

14. Sanitärräume

14.1. Umkleideräume, Kleiderschränke

14.1.1. Den Arbeitnehmern sind geeignete Umkleideräume zur Verfügung zu stellen, wenn sie bei ihrer Tätigkeit besondere Arbeitskleidung tragen müssen und es ihnen aus Gründen der Sicherheit oder der Schicklichkeit nicht zugemutet werden kann, sich an anderer Stelle umzuziehen.

Die Umkleideräume müssen leicht zugänglich, ausreichend groß und mit Sitzgelegenheiten ausgestattet sein.

14.1.2. Die Umkleideräume müssen ausreichend bemessen sein und über Einrichtungen verfügen, damit jeder Arbeitnehmer gegebenenfalls seine Arbeitskleidung trocknen sowie seine Kleidung und persönlichen Gegenstände unter Verschluss aufbewahren kann.

Falls die Umstände (z. B. gefährliche Arbeitsstoffe, Feuchtigkeit, Schmutz) dies erfordern, muss es möglich sein, persönliche Kleidung und Gegenstände getrennt von der Arbeitskleidung aufzubewahren.

14.1.3. Für Männer und Frauen sind getrennte Umkleideräume einzurichten, bzw. es ist eine getrennte Benutzung der Umkleideräume vorzusehen.

14.1.4. Wenn Umkleideräume nicht im Sinne von Nummer *14.1.1.* erster Absatz erforderlich sind, muss für jeden Arbeitnehmer eine Kleiderablage vorhanden sein, damit er seine Kleidung und persönlichen Gegenstände unter Verschluss aufbewahren kann.

14.2. Duschen und Waschgelegenheiten

14.2.1. Den Arbeitnehmern sind in ausreichender Zahl geeignete Duschen zur Verfügung zu stellen, wenn die Art der Tätigkeit oder die Pflege der Gesundheit dies erfordern.

Für Männer und Frauen sind getrennte Duschräume einzurichten, bzw. es ist eine getrennte Benutzung der Duschräume vorzusehen.

14.2.2. Die Duschräume müssen ausreichend bemessen sein, damit jeder Arbeitnehmer sich entsprechend den hygienischen Erfordernissen ungehindert waschen kann.

Die Duschen müssen fließendes kaltes und warmes Wasser haben.

14.2.3. Wenn Duschen nach Nummer *14.2.1.* erster Absatz nicht erforderlich sind, müssen geeignete Waschgelegenheiten mit (erforderlichenfalls warmem) fließendem Wasser in ausreichender Zahl in der Nähe des Arbeitsplatzes und der Umkleideräume vorhanden sein.

Für Männer und Frauen sind getrennte Waschgelegenheiten einzurichten, bzw. es ist eine getrennte Benutzung der Waschgelegenheiten vorzusehen, wenn dies aus Gründen der Schicklichkeit erforderlich ist.

14.2.4. Sind Duschräume oder Waschgelegenheiten und Umkleideräume getrennt, muss zwischen diesen Räumen eine bequeme Verbindung bestehen.

14.3. Toiletten und Handwaschbecken

Den Arbeitnehmern sind in der Nähe der Arbeitsplätze Pausenräume, Umkleideräume und Duschen bzw. Waschgelegenheiten, besondere

Räume mit einer ausreichenden Zahl von Toiletten und Handwaschbecken zur Verfügung zu stellen.

Für Frauen und Männer sind getrennte Toilettenräume einzurichten, bzw. es ist eine getrennte Benutzung der Toiletten vorzusehen.

15. Pausenräume und/oder Unterbringungsmöglichkeiten

15.1. Den Arbeitnehmern sind leicht erreichbare Pausenräume und/oder Unterbringungsmöglichkeiten zur Verfügung zu stellen, wenn Sicherheits- oder Gesundheitsgründe, insbesondere wegen der Art der ausgeübten Tätigkeit oder der Anzahl der im Betrieb beschäftigten Personen und der Abgelegenheit der Baustelle dies erfordern.

15.2. Die Pausenräume und/oder Unterbringungsmöglichkeiten müssen ausreichend bemessen und der Zahl der Arbeitnehmer entsprechend mit Tischen und Stühlen ausgestattet sein.

15.3. Sind solche Räume nicht vorhanden, sind den Arbeitnehmern andere Einrichtungen zur Verfügung zu stellen, damit sie sich dort während Arbeitsunterbrechungen aufhalten können.

15.4. Ortsfeste Unterbringungsmöglichkeiten, die nicht nur ausnahmsweise benutzt werden, müssen mit einer ausreichenden Anzahl von Sanitäreinrichtungen, einem Essraum und einem Aufenthaltsraum ausgestattet sein.

Die Räume sind entsprechend der Anzahl der Arbeitnehmer mit Betten, Schränken, Tischen und Stühlen auszustatten; bei der Zuteilung der Räume ist gegebenenfalls die Anwesenheit von weiblichen und männlichen Arbeitnehmern zu berücksichtigen.

15.5. In den Pausenräumen und/oder Unterbringungsmöglichkeiten sind geeignete Maßnahmen zum Schutz der Nichtraucher vor Belästigung durch Tabakrauch vorzusehen.

16. Schwangere und stillende Mütter

Schwangere und stillende Mütter müssen sich unter geeigneten Bedingungen hinlegen und ausruhen können.

17. Behinderte Arbeitnehmer

Die Arbeitsstätten sind gegebenenfalls behindertengerecht zu gestalten.

Dies gilt insbesondere für Türen, Verbindungswege, Treppen, Duschen, Waschgelegenheiten und Toiletten, die Behinderte benutzen, sowie für Arbeitsplätze, an denen Behinderte unmittelbar tätig sind.

18. Verschiedene Bestimmungen

18.1. Die unmittelbare Umgebung und die Grenze der Baustelle sind klar sichtbar und als solche erkennbar zu kennzeichnen und zu gestalten.

18.2. Die Arbeitnehmer müssen auf der Baustelle über Trinkwasser und gegebenenfalls über ein anderes geeignetes, alkoholfreies Getränk in ausreichender Menge in den benutzten Räumen sowie in der Nähe der Arbeitsplätze verfügen.

18.3. Die Arbeitnehmer müssen

über Einrichtungen verfügen, um ihre Mahlzeiten unter zufrieden stellenden Bedingungen einnehmen zu können;

gegebenenfalls über Einrichtungen verfügen, um ihre Mahlzeiten unter zufrieden stellenden Bedingungen zubereiten zu können.

Anhang IV Teil B
Besondere Mindestvorschriften für Arbeitsplätze auf Baustellen

Wenn besondere Situationen es erfordern, ist die Einteilung der Mindestanforderungen in zwei Abschnitte, wie sie nachstehend aufgeführt sind, als solche nicht als verbindlich anzusehen.

Abschnitt I Baustellenarbeitsplätze innerhalb von Räumen

1. Standsicherheit und Festigkeit

Die Räume müssen eine der Nutzungsart entsprechende Konstruktion und Festigkeit aufweisen.

2. Türen von Notausgängen

Türen von Notausgängen müssen in Fluchtrichtung aufschlagen.

Die Türen von Notausgängen müssen so geschlossen sein, dass sie leicht und unverzüglich von jeder Person, die sie im Notfall benutzen muss, zu öffnen sind.

Schiebe- und Drehtüren sind als Nottüren nicht zulässig.

3. Lüftung

Bei Klimaanlagen und mechanischen Belüftungseinrichtungen ist sicherzustellen, dass die Arbeitnehmer keinem störenden Luftzug ausgesetzt sind.

Ablagerungen und Verunreinigungen, die unmittelbar zu einer Gefährdung der Gesundheit der Arbeitnehmer durch Verschmutzung der eingeatmeten Luft führen können, müssen rasch beseitigt werden.

D. Anlagen

4. Temperatur

4.1. In Pausen-, Bereitschafts-, Sanitär-, Kantinen- und Sanitätsräumen muss die Temperatur dem spezifischen Nutzungszweck der Räume entsprechen.

4.2. Fenster, Oberlichter und Glaswände müssen je nach Art der Arbeit und Nutzung des Raums eine Abschirmung gegen übermäßige Sonneneinstrahlung ermöglichen.

5. Natürliche und künstliche Beleuchtung

Die Arbeitsstätten müssen soweit wie möglich über genügend Tageslicht verfügen und mit Vorrichtungen für eine geeignete künstliche Beleuchtung zur Gewährleistung der Sicherheit und zum Schutz der Gesundheit der Arbeitnehmer ausgerüstet sein.

6. Fußböden, Wände und Decken der Räume

6.1. Die Fußböden der Räume dürfen keine Unebenheiten, Löcher oder gefährlichen Neigungen aufweisen; sie müssen fest, trittsicher und rutschfest sein.

6.2. Die Oberfläche der Fußböden, Decken und Wände der Räume muss so beschaffen sein, dass sie sich den hygienischen Erfordernissen entsprechend reinigen und erneuern lässt.

6.3. Durchsichtige oder lichtdurchlässige Wände, insbesondere Ganzglaswände, in Räumen oder in der Nähe von Arbeitsplätzen und Verkehrswegen müssen deutlich gekennzeichnet sein und aus Sicherheitsmaterial bestehen oder so gegen die Arbeitsplätze und Verkehrswege abgeschirmt sein, dass die Arbeitnehmer nicht mit den Wänden in Berührung kommen und beim Zersplittern der Wände nicht verletzt werden können.

7. Fenster und Oberlichter der Räume

7.1. Fenster, Oberlichter und Lüftungsvorrichtungen müssen sich von den Arbeitnehmern sicher öffnen, schließen, verstellen und feststellen lassen.

Sie dürfen in geöffnetem Zustand keine Gefahr für die Arbeitnehmer darstellen.

7.2. Fenster und Oberlichter müssen in Verbindung mit der Einrichtung konzipiert oder mit Vorrichtungen versehen sein, die es ermöglichen, sie ohne Gefährdung der die Reinigung durchführenden Arbeitnehmer sowie der anwesenden Arbeitnehmer zu reinigen.

8. Türen und Tore

8.1. Lage, Anzahl, Werkstoffe und Abmessungen von Türen und Toren müssen sich nach der Art und Nutzung der Räume richten.

8.2. Durchsichtige Türen müssen in Augenhöhe gekennzeichnet sein.

8.3. Schwingtüren und -tore müssen durchsichtig sein oder Sichtfenster haben.

8.4. Bestehen durchsichtige oder lichtdurchlässige Flächen von Türen und Toren nicht aus Sicherheitsmaterial und ist zu befürchten, dass sich Arbeitnehmer beim Zersplittern der Flächen verletzen können, so sind diese Flächen gegen Eindrücken zu schützen.

9. Verkehrswege

Soweit aufgrund der Nutzung und Einrichtung der Räume zum Schutz der Arbeitnehmer erforderlich, müssen die Begrenzungen der Verkehrswege gekennzeichnet sein.

10. Besondere Anforderungen an Rolltreppen und Rollsteige

Rolltreppen und Rollsteige müssen sicher funktionieren.

Sie müssen mit den notwendigen Sicherheitsvorrichtungen ausgestattet sein.

Sie müssen durch gut erkennbare und leicht zugängliche Notabschalteinrichtungen stillgesetzt werden können.

11. Raumabmessungen und Luftraum der Räume

Arbeitsräume müssen eine ausreichende Grundfläche und Höhe aufweisen, so dass die Arbeitnehmer ohne Beeinträchtigung ihrer Sicherheit, ihrer Gesundheit oder ihres Wohlbefindens ihre Arbeit verrichten können.

Abschnitt II Baustellenarbeitsplätze außerhalb von Räumen

1. Standsicherheit und Festigkeit

1.1. Ortsveränderliche oder ortsfeste Arbeitsplätze an erhöhten oder tiefer liegenden Standorten müssen standsicher und stabil sein; zu berücksichtigen sind dabei

* die Zahl der dort beschäftigten Arbeitnehmer,
* die höchstmögliche Belastung sowie die Verteilung der Lasten,
* etwaige äußere Einwirkungen.

Wenn die tragenden und die sonstigen Teile dieser Arbeitsplätze selbst nicht standsicher sind, ist ihre Standsicherheit durch geeignete und sichere Befestigungsvorrichtungen zu gewährleisten, um jede zufällige bzw. ungewollte Ortsveränderung des gesamten bzw. eines Teils des Arbeitsplatzes zu verhindern.

1.2. Überprüfung Standsicherheit und Festigkeit müssen in geeigneter Weise überprüft werden, insbesondere nach einer etwaigen Veränderung der Höhe bzw. der Tiefe des Arbeitsplatzes.

2. Energieverteilungsanlagen

2.1. Die Energieverteilungsanlagen auf der Baustelle, insbesondere die äußeren Einwirkungen ausgesetzten Anlagen, müssen regelmäßig überprüft und instand gehalten werden.

2.2. Die vor Beginn der Arbeiten auf der Baustelle vorhandenen Anlagen müssen identifiziert, überprüft und klar gekennzeichnet werden.

2.3. Vorhandene elektrische Freileitungen müssen nach Möglichkeit außerhalb des Baustellengeländes verlegt oder frei geschaltet werden.

Ist dies nicht möglich, so sind Abschrankungen oder Hinweise anzubringen, damit Fahrzeuge und Einrichtungen von diesen Leitungen fern gehalten werden.

Geeignete Warneinrichtungen und eine hängende Abschirmung sind vorzusehen, wenn Baustellenfahrzeuge die Leitungen unterqueren müssen.

3. Witterungseinflüsse

Die Arbeitnehmer müssen gegen Witterungseinflüsse, die ihre Sicherheit und ihre Gesundheit beeinträchtigen können, geschützt werden.

4. Herabfallen von Gegenständen

Die Arbeitnehmer müssen durch kollektive Schutzmittel gegen das Herabfallen von Gegenständen geschützt werden, wenn dies technisch möglich ist.

Material und Ausrüstung müssen so angeordnet bzw. gestapelt werden, dass sie nicht verrutschen oder umstürzen können.

Gegebenenfalls müssen auf der Baustelle überdachte Durchgänge vorgesehen werden, oder der Zugang zu Gefahrenbereichen muss ausgeschlossen werden.

5. Absturz

5.1. Abstürze müssen durch Vorrichtungen verhindert werden, insbesondere durch solide Geländer, die hoch genug sind und mindestens aus einer Fußleiste, einem Handlauf und einer Mittelleiste bestehen, oder durch eine gleichwertige Alternativlösung.

5.2. Arbeiten an erhöhten Standorten dürfen grundsätzlich nur mit Hilfe geeigneter Einrichtungen oder mit kollektiven Schutzmitteln wie Geländern, Plattformen oder Auffangnetzen durchgeführt werden.

Ist die Verwendung dieser Einrichtungen aufgrund der Art der Arbeiten ausgeschlossen, so sind geeignete Zugangsmöglichkeiten vorzusehen und Sicherheitsgeschirr oder andere verankerte Sicherheitssausrüstungen zu verwenden.

6. Gerüste und Leitern

6.1. Jedes Gerüst muss in sachgerechter Weise so entworfen, gebaut und instand gehalten werden, dass es nicht einstürzt oder sich plötzlich bewegt.

6.2. Arbeitsplattformen, Laufstege und Gerüsttreppen müssen so gebaut, bemessen, geschützt und verwendet werden, dass niemand abstürzt oder von herabfallenden Gegenständen getroffen werden kann.

6.3. Gerüste müssen von einer sachkundigen Person überprüft werden

a) vor ihrer Inbetriebnahme,

b) danach in regelmäßigen Abständen sowie

c) nach einem Umbau, nach zeitweiliger Nichtbenutzung, nach Unwettern oder Erdbeben oder jedem anderen Umstand, durch den ihre Haltbarkeit oder Standfestigkeit beeinträchtigt werden könnte.

6.4. Leitern müssen eine ausreichende Festigkeit besitzen und ordnungsgemäß instand gehalten werden.

Sie müssen sachgerecht an den entsprechenden Stellen und bestimmungsgemäß verwendet werden.

6.5. Fahrgerüste müssen gegen unbeabsichtigtes Verfahren gesichert sein.

7. Hebezeuge

7.1. Hebezeuge und Hebezubehör, einschließlich der wesentlichen Bestandteile, Befestigungen, Verankerungen und Abstützungen, müssen

a) sachgerecht entworfen und gebaut sein und eine für ihren Verwendungszweck ausreichende Festigkeit besitzen;

b) ordnungsgemäß aufgestellt und verwendet werden;

c) betriebsfähig gehalten werden;

d) gemäß den geltenden Rechtsvorschriften überprüft und regelmäßigen Prüfungen und Kontrollen unterzogen werden;

e) von qualifizierten Arbeitnehmern, die eine angemessene Schulung erhalten haben, bedient werden.

7.2. Auf Hebezeugen und Hebezubehör muss der Wert für die höchstzulässige Belastung deutlich sichtbar angegeben sein.

7.3. Hebezeuge und Hebezubehör dürfen nur bestimmungsgemäß eingesetzt werden.

8. Fahrzeuge, Erdbaumaschinen und Förderzeuge

8.1. Alle Fahrzeuge, Erdbaumaschinen und Förderzeuge müssen

a) unter weitestgehender Berücksichtigung ergonomischer Grundsätze sachgerecht entworfen und gebaut sein;

b) betriebsfähig gehalten werden;

c) ordnungsgemäß eingesetzt werden.

8.2. Fahrer und Bediener von Fahrzeugen, Erdbaumaschinen und Förderzeugen müssen besonders geschult sein.

8.3. Es müssen Vorkehrungen getroffen werden, um zu verhindern, dass Fahrzeuge, Erdbaumaschinen und Förderzeuge in Ausschachtungen oder ins Wasser stürzen.

8.4. Gegebenenfalls müssen Erdbaumaschinen und Förderzeuge mit solchen Aufbauten ausgerüstet sein, die den Fahrer bei einem Umstürzen der Maschine vor dem Erdrücktwerden und die ihn vor herabfallenden Gegenständen schützen.

9. Anlagen, Maschinen, Ausrüstungen

9.1. Anlagen, Maschinen und Ausrüstungen, einschließlich Handwerkszeug mit und ohne Motor, müssen

a) unter weitestgehender Berücksichtigung ergonomischer Grundsätze sachgerecht entworfen und gebaut sein;

b) betriebsfähig gehalten werden;

c) ausschließlich für zweckgemäße Arbeiten verwendet werden;

d) von angemessen geschulten Arbeitnehmern bedient werden.

9.2. Anlagen und Geräte unter Druck müssen gemäß den geltenden Rechtsvorschriften überprüft und regelmäßigen Prüfungen und Kontrollen unterzogen werden.

10. Ausschachtungen, Brunnenbau, unterirdische Arbeiten, Tunnelbau, Erdarbeiten

10.1. Bei Ausschachtungen, Brunnenbau, unterirdischen oder Tunnelbauarbeiten müssen geeignete Sicherheitsvorkehrungen getroffen werden, die

a) in einer geeigneten Verschalung bzw. Abschrägung bestehen;

b) Gefahren im Zusammenhang mit dem Sturz von Personen, dem Herabfallen von Material oder Gegenständen oder dem Eindringen von Wasser vermeiden;

c) eine ausreichende Lüftung an allen Arbeitsplätzen gewährleisten, damit für Atemluft gesorgt ist, die nicht gefährlich oder gesundheitsschädlich ist;

d) es ermöglichen, dass sich die Arbeitnehmer im Brandfall oder beim Eindringen von Wasser oder Material in Sicherheit bringen können.

10.2. Vor Beginn der Erdarbeiten müssen Messungen durchgeführt werden, um die Gefährdung durch unterirdisch verlegte Kabel und andere Versorgungsleitungen festzustellen und auf ein Mindestmaß zu verringern.

10.3. Die Ausschachtung muss über sichere Wege betreten und verlassen werden können.

10.4. Aushub, Material und in Bewegung befindliche Fahrzeuge müssen von Ausschachtungen ferngehalten werden; gegebenenfalls müssen geeignete Abschrankungen angebracht werden.

11. Abbrucharbeiten

Wenn der Abbruch eines Gebäudes oder eines Bauwerks eine Gefährdung bewirken kann,

a) müssen geeignete Vorsichtsmaßnahmen getroffen und sachgemäße Arbeitsverfahren angewandt werden;

b) dürfen die Arbeiten nur unter Aufsicht einer fachkundigen Person geplant und durchgeführt werden.

12. Stahl- oder Betonkonstruktionen, Schalungen und schwere Fertigbauteile

12.1. Stahl- oder Betonkonstruktionen sowie Teile hiervon, Schalungen, Fertigbauteile oder vorläufige Träger sowie Abstützungen dürfen nur unter Aufsicht einer fachkundigen Person auf- oder abgebaut werden.

12.2. Zum Schutz der Arbeitnehmer gegen Gefahren aufgrund fehlender Festigkeit oder vorübergehender Instabilität eines Bauwerks sind ausreichende Vorsichtsmaßnahmen zu treffen.

12.3. Schalungen, vorläufige Träger und Abstützungen müssen so entworfen, berechnet, angebracht und instand gehalten werden, dass sie den möglicherweise auf sie einwirkenden Beanspruchungen sicher standhalten können.

13. Spundwände und Senkkästen

13.1. Spundwände und Senkkästen sind

a) sachgerecht aus geeignetem, stabilem Material mit hinreichender Festigkeit zu bauen;

b) mit einer angemessenen Vorrichtung auszustatten, damit sich die Arbeitnehmer beim Eindringen von Wasser und Material retten können.

13.2. Bau, Instellungbringen, Umbau oder Abbau einer Spundwand oder eines Senkkastens dürfen nur unter Aufsicht einer fachkundigen Person erfolgen.

13.3. Spundwände und Senkkästen müssen in regelmäßigen Abständen von einer sachkundigen Person kontrolliert werden.

14. Dacharbeiten

14.1. In den Fällen, in denen dies zur Gefahrenvorbeugung erforderlich ist, oder wenn die Dachhöhe oder Dachneigung die von den Mitgliedstaaten festgelegten Werte überschreiten, müssen kollektive Schutzmaßnahmen gegen den Absturz von Arbeitnehmern bzw. das Herabfallen von Werkzeugen und sonstigen Gegenständen sowie von Baustoffen getroffen werden.

14.2. Wenn die Arbeitnehmer auf Dächern oder sonstigen Flächen aus nicht durchtrittsicherem Material oder in deren Nähe arbeiten müssen, müssen Vorbeugungsmaßnahmen getroffen werden, um ein versehentliches Begehen der nicht durchtrittsicheren Flächen und ein Abstürzen zu verhindern.

III. Winterbauverordnung

Verordnung über besondere Arbeitsschutzanforderungen bei Arbeiten im Freien in der Zeit vom 1. November bis 31. März

Vom 01.08.1968 (BGBl. I S.901), zuletzt geändert am 10.06.1992 (BGBl. I S.1019)

Hinweis: Die gesamte Verordnung ist außer Kraft gesetzt worden durch die neue ArbStättV am 25.08.2004.

Auf Grund des § 120 e der Gewerbeordnung und des § 2 des Gesetzes über die Unterkunft bei Bauten vom 13. Dezember 1934 (Reichsgesetzbl. I S. 1234) in Verbindung mit Artikel 129 Abs. 1 Satz 1 des Grundgesetzes wird mit Zustimmung des Bundesrates verordnet:

§ 1 Geltungsbereich

(1) Diese Verordnung gilt für folgende Arbeiten, die in der Zeit vom 1. November bis 31. März ausgeführt werden:

• Arbeiten, die überwiegend einen Aufenthalt im Freien erfordern,

• Bauarbeiten.

(2) Bauarbeiten im Sinne dieser Verordnung sind Arbeiten zur Errichtung, Änderung, Instandhaltung oder zum Abbruch einer baulichen Anlage, die auf der Baustelle ausgeführt werden.

§ 2 Arbeitsplätze im Freien

(1) Werden Arbeitnehmer im Freien beschäftigt, so ist entweder der Arbeitsplatz winterfest herzurichten oder den Arbeitnehmern Schutzkleidung zur Verfügung zu stellen.

(2) Winterfest im Sinne des Absatzes 1 ist ein Arbeitsplatz, wenn er gegen Kälte, Wind, Niederschlag und Bodennässe geschützt ist.

(3) Als Schutzkleidung im Sinne des Absatzes 1 sind den Arbeitnehmern die Bekleidungsstücke zur Verfügung zu stellen, die zusätzlich zu der von ihnen zu stellenden Arbeitskleidung zum Schutz gegen Kälte, Wind, Niederschlag und Bodennässe notwendig sind, insbesondere Überziehjacke oder -mantel, Überziehhose, Handschuhe, Schuhwerk, Ohren- und Kopfschutz. Die als Schutzkleidung zur Verfügung gestellten Bekleidungsstücke sind zu erneuern oder auszutauschen, wenn durch sie der Schutzzweck nicht mehr erfüllt wird.

(4) Die nach Landesrecht zuständige Behörde kann Ausnahmen von der Vorschrift des Absatzes 1 bewilligen, wenn es zum Schutz der Ge-

sundheit der Arbeitnehmer nicht erforderlich ist, den Arbeitsplatz winterfest herzurichten oder Schutzkleidung zur Verfügung zu stellen.

(5) (aufgehoben)

§ 3
(außer Kraft)

§ 4 Arbeiten in allseits umschlossenen Räumen

(1) Werden Arbeitnehmer bei Bauarbeiten in allseits umschlossenen Räumen beschäftigt, so sind die Räume zu erwärmen und soweit möglich zugfrei abzudichten. Ist dies in Ausnahmefällen nicht möglich, so ist den Arbeitnehmern Schutzkleidung zur Verfügung zu stellen.

(2) Werden die Räume erwärmt, so müssen die Heizeinrichtungen so beschaffen sein, dass keine Vergiftungs-, Brand- oder Explosionsgefahr auftreten kann.

§ 5 Strafvorschriften

Nach § 147 Abs. 1 Nr. 4 der Gewerbeordnung wird bestraft, wer als Arbeitgeber vorsätzlich

- entgegen § 2 weder den Arbeitsplatz winterfest herrichtet noch den Arbeitnehmern Schutzkleidung zur Verfügung stellt,

- außer Kraft

- entgegen § 4 Abs. 1 weder die Räume erwärmt und abdichtet noch den Arbeitnehmern Schutzkleidung zur Verfügung stellt oder

- der Vorschrift des § 4 Abs. 2 über die Beschaffenheit von Heizeinrichtungen zuwiderhandelt.

§§ 6 und 7
(außer Kraft)

§ 8 In-Kraft-Treten

Diese Verordnung tritt am 1. November 1968 in Kraft.